Marie-Luise von der Sode · Reiten im Gleichgewicht

Marie-Luise von der Sode

REITEN
im Gleichgewicht

Müller Rüschlikon

Impressum

Einbandgestaltung: Katja Draenert
Titelfoto: Werner Ernst
Innenfotos: tierfotografie huber, Talkau: S. 25, 27, 45, 76, 77, 115
Photo Puttfarcken: S. 24, 86
Die übrigen Fotos stammen von: Tatjana Prawitz, Coburg
sowie aus dem Archiv »von der Sode«, Anker.

Alle Angaben in diesem Buch wurden nach bestem Wissen und Gewissen gemacht. Sorgfalt bei der Umsetzung ist dennoch geboten. Eine Haftung der Autorin, des Verlages oder seiner Beauftragten für Personen-, Sach- oder Vermögensschäden ist ausgeschlossen.

ISBN 3-275-01570-2
ISBN 978-3-275-01570-2

Postfach 103743, 70032 Stuttgart
Ein Unternehmen der Paul Pietsch Verlage Gmbh+Co
Lizenznehmer der bucheli Verlags AG, Baarerstr. 43, CH-6304 Zug

Sie finden uns im Internet unter www.mueller-rueschlikon.de

1. Auflage 2006

Lektorat: Claudia König
Innengestaltung: Sabine Heüveldop, Dülmen
Druck und Bindung: KoKo Produktionsservice, 70900 Ostrava
Printed in Czech Republic

Inhalt

Einleitung

»Strebe nach Ruhe – aber durch das Gleichgewicht, nicht nur den Stillstand Deiner Tätigkeit.«
Friedrich Schiller (1757–1805)

Annonce eines Sportpferdes

Reiter im Gleichgewicht gesucht! Ehemals teuerstes Auktionspferd. Turniererfolge, Siege und Platzierungen der Klasse M und S, zufrieden im Stall, brav im Gelände und tierarztfrei gesund sucht: gut ausbalancierten Reiter mit viel Gefühl für dosierte Hilfengebung und angemessenen, jedoch anspruchsvollen Trainingsaufbau.
Bedingung: ein klarer Kopf, einfühlsame Hände, ein gut mitschwingender Rücken sowie ein gutes Betriebsklima.

Die Harmonie zwischen Reiter und Pferd suchen und finden ist unser Motto für dieses Buch »Reiten im Gleichgewicht«. Jeden Tag das Gestern betrachten, daraus das Heute gestalten und erleben, sowie das Morgen planen. Es entsteht das bessere Reiten auf einem freudig gehenden Pferd.
Information bekommen aus den naturnahen Linien von Gleichgewicht. Den Kopf benutzen dürfen nur auf der Basis von Achtsamkeit und Aufmerksamkeit, sich und das Pferd erhorchen und erspüren wollen für das beidseitige Erwerben und Erhalten von Körpergefühl. Sich nicht mit den Gegebenheiten prinzipiell zufrieden geben, sondern mehr erreichen wollen.
Dabei darf man Fehler machen, denn Fehler sind unabdingbar mit dem Weg des Lernens verbunden. »Etwas falsch machen, aber sich nicht bessern, das erst ist ein Fehler«, sagte bereits Konfuzius. Das ist ein Grundthema der Evolution. So hat die Welt etwas aus sich gemacht – von der Amöbe, über die Tiere vom Wasser an Land und die Entwicklung

Annonce eines Freizeitpferdes

Nette, reitbegeisterte Familie gesucht. Box mit Weide oder Offenstallhaltung in freundlicher Gesellschaft Bedingung sowie harmonischer Umgang miteinander. Stehe nach Kräften zur Verfügung als Lehrmeister für die Grundlagen von Dressur und Springen. Ich bin ein sicheres Ausreitpferd und freue mich, wenn Sattel und Trense passen. Durch mich kann man jeden Tag etwas mehr Freude erleben, etwas geschmeidiger sein und etwas besser reiten. Ich bin günstig zu haben und bleibe in guten Verhältnissen noch lange gesund.

vom Kriechtier zum Vierbeiner und zum Zweibeiner.

Etwas zu entfalten, was in uns liegt, fühlt sich gut an. Ein harmonisch eingefügter Teil unserer Umgebung zu sein, ist leicht und angenehm. Einen gemeinsamen Tanz zu erleben und vorzuführen, ist Freude pur. Wollen Sie als Reiter oder Reiterin der Tanzpartner Ihres Pferdes werden? Wollen Sie mit Ihrem Traumpferd gemeinsam siegen oder es als sein Besitzer mit Bedingungen ausstatten, unter denen es siegen kann? Können Sie beim Reiten Freude empfinden und kann das Pferd das unter Ihnen spüren?

Sind Sie der geeignete Käufer für eines der beiden Pferde der Annoncen oder möchten Sie es gerne sein? Sie werden gesucht – als Reiter im Gleichgewicht! Dazu die gute Nachricht: Gleichgewicht ist ein Naturgesetz und es besteht immer wieder die Möglichkeit, es einzurichten oder zu erlernen.

Reitervölker, die auf das Zusammenleben mit dem Partner Pferd angewiesen waren (siehe Mongolei unter Dschingis Khan) haben es uns vorgemacht. Ihre Art zu reiten basierte auf einer durch Lernvorgänge und Erfahrung ausgereiften Schulung der Sinne zwischen sich und ihrem Partner Pferd.

Um Gleichgewicht zu erlangen, ordnen wir uns von unserem Schwerpunkt zur uns bestimmenden Schwerkraft. Gleichgewicht lässt sich über die Sinnesorgane (Augen, Ohren ...), die paarig angelegt sind, einrichten. Dabei suchen wir und stellen wir von unserer Mitte ausgehend das innere und das äußere Gleichgewicht her. Ist man im Gleichgewicht – innerlich und äußerlich – ist man ausgeglichener und belastbarer.

In einer einhändigen Weltsicht wird nur die starke Seite gefördert. Viele Schwächen auf dem langen Weg von Leben und Leistung mitzunehmen schadet jedoch nur.

Auch bei den Pferden können wir unterschiedliche Typen beschreiben. Der »gleichgewichtsüberempfindliche« Typ vermeidet die Suche nach Gleichgewicht, da er verunsichert ist.

Dem »gleichgewichtsunterempfindlichen« Typ mangelt es an Bewegungsantrieb, weil er in den Sinnen »zugemacht« hat. Beide Typen muss man erkennen. Sie brauchen die Ermutigung über kleine Lernerfolge. Der Weg, auf

Der »gleichgewichtsüberempfindliche Typ« ist leicht zu verunsichern.

dem sie lernen, wird dann für sie spürbar leichter.

Was für ein Reiter-Typ sind Sie?

Wenn Sie dabei sind, Ihr Gleichgewicht zu schulen, dann sind Sie sicher der Reiter oder die Reiterin, die die Pferde in den Annoncen suchen. Sie sind insgesamt im Zusammensein mit dem Pferd sicherer, können Gefahren abwenden, strahlen für das Pferd Sicherheit und Dominanz aus.

Sie werden zudem besser reiten, wenn Sie in allen Bereichen im Gleichgewicht sind: mental und physisch, am Boden und auf dem Pferd.

Olympiareiter Max Habel äußert sich zum Thema »Gleichgewicht« folgendermaßen:

»Die drei Dinge, die wir für die Ausbildung des Pferdes brauchen, sind 1. Balance – 2. Balance – und 3. wiederum Balance!«

■ *Der »gleichgewichtsunterempfindliche Typ« braucht leisen Zuspruch an seine Sinne, damit er nicht zumacht.*

Gleichgewicht ist ein Naturgesetz und es besteht immer wieder die Möglichkeit, es zu lernen.

Die Autorin: Marie-Luise von der Sode

Marie-Luise von der Sode ist Feldenkraislehrerin, Reitlehrerin und Leiterin des Instituts für Ausbildung »Feldenkrais und Reiten«. Sie bietet neben verschiedenen Kursen mit dem Schwerpunkt »Feldenkrais« eine Spezialausbildung zum Lehrer für »Feldenkrais und Reiten« sowie im MALUFE-Institut eine allgemeine Ausbildung zum Feldenkraislehrer an. Große Lehrmeister/innen für den Reitsport waren Mary Barker, Albert Brandl, Eugen Wahler, Linda Tellington-Jones, Sally Swift und andere. Für das Wissen vom Menschen war sie in langjähriger Ausbildung beim Institut für Integrative Logotherapie Dr. Uwe Böschemeyer in Hamburg-Bergedorf und bei der weltberühmten Feldenkraislehrerin Mia Segal in Zürich und Nymwegen.«

Weitere Informationen: Marie-Luise v. d. Sode, Alte Ziegelei 1, 23919 Behlendorf oder im Internet: www.feldenkraisundreiten.de.

■ *Der Takt*

KAPITEL I

GLEICHGEWICHT UND DIE SKALA DER AUSBILDUNG

Der Reitsport setzt seine Messlatte hoch an. Jedes Pferd soll optimal ausgebildet sein und ebenso geritten werden. Bei der Ausbildung von Pferden spielt die »Skala der Ausbildung« eine große Rolle, sie sollte jedes Pferd – egal in welcher Disziplin es eingesetzt wird – durchlaufen.

Bei theoretischen Prüfungen zu den diversen Reitabzeichen werden den Prüflingen Fragen zur »Skala der Ausbildung« gestellt, das zieht sich durch bis zur Prüfung zum Pferdewirt.

Die Skala der Ausbildung

- **Takt**
- **Losgelassenheit**
- **Anlehnung**
- **Schwung**
- **Geraderichten**
- **Versammlung**

Diese sechs Stufen der Ausbildungsskala werden in drei sich überschneidende Abschnitte unterteilt. Takt, Losgelassenheit und Anlehnung bilden die Gewöhnungsphase. In diesem Abschnitt der Arbeit soll sich das Pferd an den Reiter und die Hilfen sozusagen gewöhnen.

Losgelassenheit, Anlehnung, Schwung und Geraderichten dienen zur Entwicklung der Schubkraft. In dieser Phase soll das Pferd vermehrt mit der Hinterhand arbeiten und fleißig an das Gebiss herantreten. Dieser Abschnitt der Arbeit dient dazu, das Pferd vielseitig zu gymnastizieren und so gesund und beweglich zu erhalten.

Schwung, Geraderichtung und Versammlung zielen auf die Entwicklung der Tragkraft. Das Pferd soll mit der Hinterhand vermehrt Gewicht aufnehmen. Nur dadurch lassen sich wirkliche Versammlung und Aufrichtung erreichen. Beides sind Voraussetzungen, um in der Dressur höhere Ziele zu erreichen. Schon ab der Klasse L muss das Pferd im Viereck versammelte Gänge zeigen.

Doch wie kann »Takt« erkannt werden, ohne vorher Gleichgewicht erfahren zu haben?

Das Gleichmaß der Bewegung setzt ein gefühltes Verständnis sowohl für innen und außen und für die »Händigkeit« des Pferdes voraus als auch für die Seitigkeit des Reiters. Takt muss man »erhorchen« lernen und über die Sinne und die Haut erspüren.

Wenn Ihr Pony bisher ein unbefangener, natürlicher Typ war, soll es sich durch das Reiten eher noch verbessern.

Takt lässt die Knochen vibrieren, so empfinde ich es.

Mangelnde Losgelassenheit und mangelndes Freisein in Kopf und Körper des Reiters stören die geregelte Fußfolge in jeder Gangart des Pferdes. Genauso kann die Tagesform und Einstellung des Pferdes den Takt beeinträchtigen. Insofern sind Takt und Losgelassenheit in Wechselwirkung zueinander zu sehen.

Zur Losgelassenheit zu kommen, ist für das Pferd, das einen Reiter tragen muss, schwierig, da wir es in eine »fremde Welt« einführen. Selbst dem Pferd, das vor dem Zureiten über Genetik und Haltung ein unbefangener, natürlicher Typ ist, fällt es schwer, plötzlich den Reiter zu tragen.

Viele von Ihnen wissen, wie torkelig und schwankend ein junges Pferd laufen kann, wenn es auf einmal den Reiter mitnehmen soll. Zusätzlich beginnt ihm der »Kopf zu rauchen«, wenn es die Hilfengebung des Reiters interpretieren soll, was es natürlich im Normalfall immer gerne möchte. Losgelassenheit ist mehr als Natürlichkeit.

Losgelassenheit ist die zur Aufgabenstellung gehörende, zweckmäßigste Lockerheit, die der ganze Körper ausstrahlen sollte. Ein Pferd in der Reithalle hat Losgelassenheit erreicht, wenn es in der ersten Phase der Reiteinheit schon abschnaubt (mehrfach und herzhaft), sich dehnen möchte und in Vorbereitung dazu auch abäppelt. Zusätzlich erkennt man Losgelassenheit an der Schweifrübe des Pferdes, die locker pendeln darf, und am Mähnenkamm, der beweglich ist.

Interessant für die Interpretation von Losgelassenheit ist immer das Ohrenspiel zum Reiter und zur Aufgabe hin. Nicht zu vergessen der ruhige, verstehende, kraftvolle Ausdruck der Pferdeaugen.

Viele Pferde sind schon als »coole Typen« interpretiert worden, wo sie nur »cool getan« haben. Belastbar. Berührbar. Der Ausdruck ihrer Augen zeigte hingegen Bedenken an, Verärgerung oder Resignation. Ein solches Pferd darf trotz seines Talents nicht zu schnell gefordert werden.

Die Losgelassenheit eines Pferdes zu erkennen, ist nicht einfach. Losgelassenheit bei sich selbst einzurichten schon gar nicht. Losgelassenheit ist ein wertvolles Gleichgewichtsmerkmal.

Nur mit einem wirklich losgelassenen Pferd kann weiter gearbeitet werden. Dazu brauchen wir eine gewisse Vertrautheit, wir müssen als Reiter sehen können, erkennen können, wie es unserem Pferd geht.

Auch an der eigenen Losgelassenheit kann man arbeiten. Man kann sie lernen. Daher schaut der Lehrer für Gleichgewicht auch auf das Auge des Reiters.

Machen Sie den folgenden Versuch: Verkrampfen Sie sich deutlich, spannen Sie alle Muskeln an. Tauchen Sie nun im Anschluss ab und machen Sie sich schwer, wie ein »Mehlsack«. Richten Sie sich dann erneut auf, und spannen Sie Ihre Muskeln wieder an. Tauchen Sie danach noch einmal ab. Das ist ein Beispiel für extrem angespannt und auf der anderen Seite völlig losgelassen.

Beim Pferd geht das natürlich so nicht. Bei aller Losgelassenheit, ist eine gewisse Span-

nung unerlässlich. Wir ermutigen das Pferd einfach, wenn es sich verkrampft und bestärken es in der Phase, in der es sich »entkrampft«. Das geht über Lob und Stimme: »So ist das richtig!« – »Das ist ja tüchtig!«
Und das geht über Berührung. Diese darf fein, ruhig und unauffällig sein, z.B. über den Mähnenkamm streichen oder etwas entlang dem Widerrist kratzen. Das Ruhige hat seinen eigenen Atem-Rhythmus und seinen eigenen Bedarf an Zeit.

Lernen Sie Ihren Atemfluss kennen, sowie Sie in Vorbereitungs- und Pausenzeiten sind. Das genügt. Atem bahnt sich seinen Weg.
Beobachten Sie die Atmung Ihres Pferdes. Erlauben Sie ihm und ermutigen Sie es, frei zu atmen. Die Kunst, Losgelassenheit zu erreichen, ist auch eine optimale Schule für das Gleichgewicht. Gleichgewicht macht locker. Wenn Sie im Gleichgewicht sind, können Sie loslassen. Sie brauchen Ruhe und Stabilität bei sich und dem Pferd, um Losgelassenheit zu erzielen.

Lassen Sie Ihr Pferd geschlossen auf allen vier Hufen stehen, am Putzplatz, beim Absatteln etc. Manche Reiter achten gar nicht darauf, wie ihre Pferde stehen. Das geht dann beim Reiten weiter: sie »rempeln« ihre Pferde nur so um die Ecke und dann werden sie ans Band geritten! Unruhe und laut sein wirken

Anlehnung ist ein gegenseitiges Suchen zwischen Pferdemaul und Reiterhand.

gegen die Losgelassenheit. Kenntnisse über Gleichgewicht in Bezug auf Stabilität oder Atmung fördern die Losgelassenheit.

Losgelassenheit ist auf einer höheren Stufe als Natürlichkeit, da nicht vom Leben geformt, sondern basisch.

Anlehnung ist ein gegenseitiges Suchen zwischen Pferdemaul und Reiterhand. Es ist ein Abstoßen, ein Ausfedern, eine Gegenbalance zur aktiven Hinterhand. Der Reiter sollte den ganzen Bogen spüren – von den großen Gelenken der Hinterhand des Pferdes zum Genick, dem Maul, den Laden und dem Kiefer. Im Idealfall spürt er die Halswirbelsäule des Pferdes und positioniert sie aus dem Körper und auch über seine Handeinwirkung passend hin.

Er hat die Auswahl, das Pferd tief einzustellen, in die normale Dehnungshaltung zu nehmen mit Maulspalte und Hüfte ca. auf einer Höhe oder dem Mähnenkamm in Höhe der Sitzfläche des Sattels. Er kann das Pferd oben herausnehmen und etwas über dem Zügel gehen lassen.

Manche Pferde balancieren dann erst einmal leichter über den Rücken auf die Hinterhand. Dann ist der Rahmen zu beachten, in den der Reiter sein Pferd hereindehnen lässt. Wenn man sich den Umgang mit Maul, Hals und Genick etc. vorstellen will, versteht sich ein feinfühliger Umgang von selber. »Was Du nicht willst, das man Dir tue, das füg' auch keinem anderen zu!« Gleichgewicht in Bezug auf Anlehnung zu erfahren muss heißen: die eigene Halswirbelsäule in ihrer Positionierung und Beweglichkeit zu spüren. Den eige-

Das Pferd kann sich schief einstellen, weil es verunsichert ist oder weil eine Reiterschulter nachhängt.

■ *In einer Stangengasse bekommen Pferd und Reiter eine »Idee« vom Geraderichten.*

nen Hals lang machen, verschieben, versetzen und beugen zu können, hält dem Pferd einen Spiegel vor. Zudem erhöht es die Fähigkeit, quasi mit einem Röntgenblick in die Halswirbelsäule des Pferdes hineinzuschauen und sie dadurch zu spüren.
Anlehnung findet gezielt (hoffentlich) zwischen Reiterhand und Pferdemaul statt und nimmt regional Einfluss auf das Gleichgewicht.

Wenn ich Gleichgewicht in einer Körperregion in Ordnung bringe, verändere ich das Gesamtgleichgewicht in Richtung einer positiven Balance.

Und wenn ich »Gebietshoheit« habe über den Hals, »regiere« ich den Hintern gleich mit. Das gilt beim Pferd und trifft auch für den Reiter zu. Die hohe Kunst, Anlehnung anzunehmen oder zu erstellen, setzt also Körpergefühl voraus und ganzheitliche Wahrnehmung für die natürlichen körpereigenen Tendenzen ins Gleichgewicht. Die gute Nachricht ist: »Man kann das lernen!« Jedoch, wenn man es ignoriert, hat man ein »zusammengeschraubtes« Pferd und vielleicht selber einen gestauchten Hals.

Das Geraderichten seines Pferdes ist schon eine fortgeschrittenere Maßnahme, also Reitkunst: »Das Pferd wird auf den Weg gebracht.«

Die Hinterhufe spuren in die Linie der Vorhand (geradeaus) oder das innere Hinterbein tritt Last aufnehmend vermehrt unter den Schwerpunkt des Reiters. Alles in Anatomie und Funktion arbeitet dem Weg geradeaus oder der gebogenen Linie folgend zu. Der ganze Pferdekörper ist ausgerichtet auf die Richtung des eben eingeleiteten Weges. Sowohl die Ordnung und die Schwere der Knochen als auch die tiefe Wahrnehmung der Sinnesorgane Ihres Pferdes haben Sie darauf ausgerichtet, die vor Ihnen zu durchreitende Gerade oder gebogene Linie bestmöglich umzusetzen.

Es ist gar nicht so einfach, dieses Vorhaben nicht zu stören. Das Pferd kann z.B. von der Enge in der Lienigkeit der gestellten Aufgabe überfordert sein oder vom Ausrichten einzelner Körperpartien zu einem Ziel hin. Bereits eine nachhängende Reiterschulter, ein zur Seite geneigter Kopf, der Gewicht umverteilt, oder die zu starke Einwirkung durch eine dominierende Reiterhand können das Geraderichten stören. Genau dieses zu bemerken und Schritt für Schritt zu beheben, das ist Gleichgewichtsarbeit. Das Pferd trudelt nicht mehr schräg durch die Landschaft, wie ein Hund, der sich an der Bordsteinkante orientiert. Der Reiter ordnet sich symmetrisch, in Linien und zu einer Mitte. Dabei kennt er sich in allen Körperregionen und will bis ins Detail sehen.

Die Experten streiten sich um die Abfolge der Stufen der Ausbildungsskala. Manche setzen das Geraderichten vor den Schwung. Andere meinen, dass zuerst der Schwung erarbeitet werden muss und dann das Geraderichten. Tatsächlich ist es so: Wenn der ganze Körper auf ein Ziel eingestimmt und abgestimmt ist, lässt es sich besser schwingen. Jedes Vorhaben hat Effizienz und Leichtigkeit.

Wenn das Pferd allerdings vor lauter penibler Spurensuche nach Linien matt und geistig müde wird, wirkt es belebend, Schwung zu entfalten.

■ *Hier gibt es Schwung vor Geraderichten, um das »heiße« Pferd zum Reiter zurückkommen zu lassen.*

■ *Die Reiterin sitzt gewichtsneutral über dem Pferd und trachtet danach, es durch Erhöhen der Körperspannung vor sich zu bringen.*

Dressurarbeit ohne Schwung kann korrekt sein, ist dennoch nicht erstrebenswert richtig. Die spürbare Freiheit in der Bewegung fehlt.

Nehmen Sie als Beispiel dazu die Entfaltung der Singstimme. Ich hoffe, Sie sind kein »Brummer« und daher sangesscheu. So geht's: Singen Sie am besten unter der Dusche. Es ist völlig egal, was Sie singen: »Hänschen klein« oder »Lady in Red«. Oder – wenn Sie nicht unter der Dusche singen möchten – nehmen Sie einen ausbalancierten Sitz ein, wie ein Yogi. Dabei hocken Sie ohne sich dabei anzulehnen im Schneidersitz auf Ihren Fersen. Sie können sich aber auch auf eine Stuhlkante oder auf einen Gymnastikball setzen. So können Sie sich im Zwerchfell stark machen und im Bauchraum kraftvoll.

Oder stellen Sie sich in einer breiten und aufgerichteten Position hin wie ein Opernsänger. Nehmen Sie sich die Vokale vor und lassen Sie dazu den tiefsten und den höchsten Ton heraus, zuerst leise und dann immer stärker. Singen Sie daraufhin wieder. Vielleicht Schubertlieder oder den Song »Feel« von Robbie Williams. Was Sie jetzt hören, was jetzt dazugekommen ist, das ist Schwingen. Wer will dann noch ohne Schwung reiten? Ordnen Sie also Ihren Körper in die Bewegungsrichtung und zu dem Bewegungsvorhaben und ziehen Sie dann ein paar mehr Register.

Versammlung ist die letzte Stufe auf der Skala der Ausbildung.

■ *Hals, Po und Füße der Reiterin ermöglichen die Rolle rückwärts für Lea und Paolo.*

Versammlung ist die gesamte Gegenbalance aller sich zuspielenden Körperteile zur extremen Position mit höchstem Ausdruck.

Die Zehenspitze weiß, was die Haarspitze tut und alle beide wollen sich zeigen. Versammlung hat mit Tragkraft, Beugung, Oberliniendehnung und Aufrichtung zu tun und ist immer graduell und relativ zu sehen, je nach Vorhaben, je nach Begabung und je nach Vermögen. Versammlung jedoch ist so innig, dass man in ihr immer mehr will. Balletttänzer fallen mir zu Versammlung und Aufrichtung ein: Michail Baryschnikow und Rudolf Nurejew. Aber auch die kleine Elevin im Kinderballett ist versammelt.

Beim Reiten macht es nach der ersten Gewöhnungsphase beim jungen Pferd oder dem ersten Lösen des ausgebildeten Pferdes viel Sinn und ein gutes Reitgefühl, wenn wir Versammlung immer wieder vorschlagen.

Zur Versammlung haben wir irgendwo im Körper deutliche Bodenorientierung und woanders im Körper Aufrichtung/Ausrichtung.

Und das auch durch das Pferd und mit einem Pferd! Verständlicherweise verhelfen uns die Gleichgewichtskonzepte zu mehr Versammlung, weil wir Boden haben und Raum.

Versammeltes Reiten ist nicht mechanisch. Es hat vor Augen die Formung, den Ausdruck und die Ausstrahlung des jeweiligen Pferdes im Spiel oder Imponiergehabe.

Die Skala der Ausbildung ist eine Messlatte für Gleichgewicht in übereinander aufbauenden Stufen mit dem Ziel einer erhöhten Gesamtbalance. Ohne ein Fühlen- und Bestimmenkönnen von oben und unten, innen und außen, vorne und hinten, Schwere und Leichtigkeit, Ruhe und Kraft, hat der Reiter keine Chance, sie umzusetzen. Wenn er sich das Raumgefühl und die Orientierung zu sich selber in einzelnen Schritten vornimmt, wirkt sich das positiv auf seinen Lernfortschritt aus, auf den künstlerischen und sportlichen Ausdruck und auf das Wohlbefinden.
In der Umgebung eines sich ordnenden Menschen fühlt man sich wohl, da geht man gerne hin. So geht es auch dem Pferd. Wenn es Sie bestellen könnte, dann als sich in die Gleichgewichtslinien einordnenden Menschen!

Kapitel II

Vom Suchen und Finden des Reitersitzes

I. Vom Suchen und Finden des Aufsitzens

Aufsitzen heißt nicht, sich hoch zu angeln und mehr oder weniger passend auf dem Pferd zu landen. Schon beim Aufsitzen störe ich entweder mein Pferd oder ich schließe Freundschaft mit ihm.

Ich unterstütze jedes meiner Vorhaben, indem ich einigermaßen gut hochkomme und dann a) meine Hände auf dem Mähnenkamm oder Widerrist aufstütze, um mich nicht am Zügel festzuhalten und b) mich ganz sachte über den Oberschenkel in den Sattel hineingleiten lasse.

Sofern es plumpst oder schwankt in mir oder in Ihnen, während wir in den Sattel einsitzen, ist das ein sicheres Zeichen dafür, das Gleichgewicht verloren zu haben. Was ist jetzt zu tun? Schnauzen Sie bitte nicht das Pferd an! Reißen Sie bitte nicht am Zügel oder hängen sich hinein, wenn Ihr Pferd unruhig wird! Auch häufig zu sehen: Reiter bolzen immer wieder mehrfach heftig mit den Unterschenkeln und Fersen in die Rippen des Pferdes hinein, bei gleichzeitig schwerem Sitz! Damit möchten die Reiter das Pferd wieder unter ihr Gewicht bringen und es zusammenstellen! Sie geben damit die Schuld für die Unruhe beim Aufsitzen eindeutig an das Pferd ab. Insofern wird es für die weitere Zusammenarbeit befangen, irritiert oder klemmig sein. Manche Pferde machen einfach zu. Sie verstehen von jetzt an nur noch die Hälfte. Das kann nicht in Ihrem Sinne sein.

■ *Vom ersten Schritt an nach dem Aufsitzen möchte ich die Motivation und Gehfreude des Pferdes erhalten.*

Ein Pferd ist nur leichtrittig, hört und horcht auf die Reiterhilfen, wenn der Start auf der Suche nach dem gemeinsamen Gleichgewicht in einem Klima entspannter Freude erfolgt. Ich erhalte mir so die Motivation und Gehfreude meines Pferdes!

Wie funktioniert ein Aufsitzen im Gleichgewicht?

Kompetent, bewusst und beweglich – das ist die Vorgabe.

■ Es sollte immer pferde- und reiterschonend sein.

■ Landen Sie immer sachte auf dem empfindlichen Rücken des Pferdes, an den Sie sich anschmiegen, in den Sie hineingleiten.

■ Legen Sie beim gut ausgebildeten Pferd den Zügel ganz auf den Hals. So kann es den

Hals als Balancierstange benutzen und hat weniger Angst vor dem Fallen. Sie können die Zügel auch gleichmäßig aufnehmen, wenn Sie sich so z.B. mit einem fremden Pferd sicherer fühlen.

Weit verbreitet ist die Technik, den äußeren Zügel beim Aufsitzen kürzer zu nehmen, damit das Pferd Ihnen auf der Innenseite entgegenkommt. Oder: den inneren Zügel kürzer zu nehmen, damit das unruhige Pferd sich in Sie hineindrehen muss. Beide Versionen fallen unter das Repertoire »tricksen und täuschen« und ermöglichen Ihnen ein gewandteres Hochkommen beim unruhigen Pferd. Gleichgewicht wird dabei nicht erstellt, sondern sogar bewusst destabilisiert. Ich sage nicht, dass es so nicht vorkommen darf, wenn z.B. Ihr Pferd beim Jagdreiten unruhig und frisch ist und sich nicht ganz so kultiviert verhält wie zu Hause.

Probieren Sie es zuerst mit der Blickrichtung aufs Gleichgewicht.

D.h. Zügel hingeben oder lang gleichmäßig aufnehmen.

■ Aufsitzen wird immer begleitet von Ausatmen. Atmen Sie also zuerst ein – aus – ein ... während Sie sich ordnen und den Fuß im Bügel platzieren. Während des Ausatmens federn Sie dann hoch.

Alle Vorgänge kraftvoll hoch nach oben werden unterstützt über die Ausatmung.

■ *Sehen Sie den Hals als balancierende Komponente für das Pferd an. Nehmen Sie den Zügel gleichmäßig auf oder legen Sie ihn auf den Hals.*

Stellen Sie sich ein Pferd vor, das abschnaubt. Seien Sie auf dem Weg nach oben wie ein Pferd, das ausschnaubt. Aktivieren Sie Ihr Kraftfeld im unteren Bauchraum über die Ausatmung. Stellen Sie sich dabei ein Pusten, Prusten oder Ausschnaufen vor.

■ Stellen Sie sich mental auf das Aufsitzen ein. Denken Sie hoch, hoch, hoch und hoch. Lassen Sie ein inneres Videoband ablaufen. Sie sehen sich dabei gewandt aufsitzen und einsitzen, wie ein Profi im Gleichgewicht.

■ Verhalten Sie sich zustimmend, wenn Sie auf dem Pferd angekommen sind. Heiter, freundlich, gelassen und still.

Das Stehen mit Reitergewicht ist eine schwierig zu balancierende Position für das Pferd. Seien Sie freundlich und herzlich in Ihrer Einstellung zum Pferd. Sie sind gerade erst oben angekommen. Das Ordnen in die geeignete Position haben Sie noch vor sich!

■ Behalten Sie sich alle möglichen Aufsitzarten vor. Lassen Sie sich von möglichen Lästereien Ihrer Reitkollegen nicht einengen. Das höherwertige Ziel ist ein gelassenes Pferd mit heilem Rücken und Motivation für die Zusammenarbeit.

■ *Seien sie freundlich und herzlich in Ihrer Einstellung zum Pferd – hier Philipp mit Cantano.*

■ Wenn Sie klein sind und auf ein großes Pferd aufsteigen möchten, empfiehlt es sich, über ein Podest oder eine andere Erhöhung aufzusitzen. Lernen Sie Ihr Pferd von beiden Seiten aus an. Sie haben dann auch im Gelände keine Schwierigkeiten, wieder aufzusitzen, wenn Sie freiwillig oder unfreiwillig absitzen wollten oder mussten. Natürlich ist die Aufsitzmethode des Jagdreiters besonders pferde-, reiter- und sattelschonend.
Wenn Sie mit der Ausbildung eines jungen Pferdes beginnen, sitzen Sie vom Aufsitzblock aus auf, da Sie so auch ohne Helfer das Pferd gut anlernen können.

■ Wenn ein Pferd irgendwie spukig ist, können Sie die Aufsitzmethode des Rennreiters wählen und sich über den Hals hochsetzen lassen. Als würden Sie über eine Räuberleiter eine Mauer erklimmen, landen Sie so unauffällig auf dem Pferd.
Achten Sie darauf, sich nicht zu weit nach hinten setzen zu lassen. Streben Sie den tiefen Punkt im Rücken oder im Sattel des Pferdes an, um dort hineinzugleiten.

Das Gleichgewicht finden, heißt immer eine Mitte zu suchen!

■ Baumlange Menschen mit kleinen Pferden oder den entsprechenden Positionen zwischen Pferd und Reiter, sitzen wie der Westernreiter oder Gangpferdereiter gerne mit Blickrichtung und Zehenrichtung zum Pferdekopf hin auf. Erlaubt ist, was leicht ist! Gleichgewichtsfördernde Merkmale sind geschmeidig und fließend. Gleichgewichtsstörende Merkmale sind eckig und plumpsig.

■ In der klassischen Reiterei hat man die Aufsitzform aus der militärischen Tradition entnommen. Blickrichtung zum Schweif des Pferdes, Fuß in den Bügel, in einer Drehbewegung, begleitet von Ausatmung, katzenartig gewandt und hoch. Sachte hineingleiten. Freundliche Zustimmung zum Pferd hin. Schön sportlich und sehr edel – dennoch: Das Pferd wird einseitig belastet und auch der Sattelbaum bekommt einen »Dreh«. Der linke Steigbügelriemen wird nach und nach länger und Sie sitzen dann irgendwann ungleich. (Empfehlung des Sattlermeisters: Die Steigbügelriemen alle vier Wochen tauschen!)

Natürlich bin auch ich stolz, wenn meine junge Tochter aus dem Hallensand heraus

■ *Zum feinen Reiter gehört ein feines Pferd. Ebenfalls mit Kultur und gut erzogen.*

■ *Lea und Paolo spüren Gleichgewicht.*

auf ihr riesiges Dressurpferd in militärisch sportlicher Form aufsitzt. Dennoch: Der Gleichgewichtsgedanke ... und der neue Sattel ...

■ Zum feinen Reiter gehört ein feines Pferd ebenfalls mit Kultur und gut erzogen. Achten Sie darauf, ob Ihr Pferd aufsitzfromm ist. Hat es den Aufsitzvorgang verstanden? Ist es dabei angstfrei. Hat es gelernt, 5 Sekunden ruhig zu stehen? Ist es ausgearbeitet oder hat es Stallmut und großen Bewegungsdruck? Stehtage oder auch wenig ausgebildete Pferde sind keine guten Voraussetzungen für ein Aufsitzen im Gleichgewicht. Als erfahrene Remontereiterin empfehle ich, sich beim jungen Pferd ca. ein halbes Jahr beim Aufsitzen durch eine Hilfsperson unterstützen zu lassen. Halten Sie zusätzlich alle Ihre Pferde umgebungssicher und raumorientiert.

Das Aufsitzen im Gleichgewicht ist der gute Start ins Reiten. Viele Pferde belohne ich nach dem Aufsitzen mit einem Leckerli von oben, weil ich sicher gehen will, dass sie den gemeinsamen Start in die Reiteinheit mit sicherem Gefühl, positiv und wohlwollend zur Kenntnis genommen haben. Außerdem warten sie dann gerne ab, während ich meinen Sitz und die Zügel ordne oder die Hilfengebung zum Anreiten vorbereite.

2. Vom Suchen und Finden der Füße

Aufgesessen sind Sie jetzt und dennoch – bitte – reiten Sie nicht sofort los. Viele Reiter sind froh, irgendwie auf dem Pferd angekommen zu sein. Sie hoffen, in einer dem Dressur-, Spring-, Gelände- oder Gangartensitz ähnlichen Position gelandet zu sein, und reiten gleich los.

Zum Einrichten des Gleichgewichts gehören der Faktor Aufmerksamkeit und der Faktor Zeit. Ich muss das Gleichgewicht spüren und erfühlen.

Es ist im Unterbewusstsein da. Um es zu finden, braucht man die Suche und Informationen. Setzen Sie sich in Ihrer Vorstellung innen im Körper Augen ein. Mit diesen »inneren Augen« können Sie lernen, sich zu betrachten. Dazu bekommen Sie ein Augenmaß für Gleichgewicht wie ein Betrachter von außen. Es entsteht ein Spiegel und dazu ein Gefühl.
Für das Reiten kann man das Bewegungsbild vom Stehen und Gehen nutzen.

Für ein geschmeidiges Stehen und Gehen und für den Grundsitz beim Reiten müssen Sie Ihre Füße kennen und ordnen können und dabei das Laufen neu lernen.

Das Ziel ist, den Fuß jeweils im Steigbügel ruhen oder stehen zu lassen, so dass wir darüber das Gewicht des jeweiligen Reiterbeines aufnehmen können. Wir erreichen eine Entlastung des Pferderückens, der ja stützen, sich aufwölben und schwingen soll.
Des Weiteren können wir den Schenkeldruck besser dosieren, wenn unsere Füße die Beine tragen. Ein Klammern am Pferd entfällt. Sie können Ihre Schenkelhilfen so bewusster einteilen.

Wie geht also das Ordnen und Einrichten der Füße auf dem Pferd?

Kompetent, bewusst und beweglich!

■ Entwickeln Sie ein neues Gefühl für Ihre Füße. Durch langjähriges Tragen von Reitstiefeln, Gummistiefeln oder auch schickem neuem und dennoch eher »fußunfreundlichem« Schuhwerk ist Ihnen eventuell das Gefühl für Ihre Füße verloren gegangen. Diese »Gefühlsbetäubung« fängt schon beim Kleinkind an. Das zügige Gehen lernen sowie die Anpassung an unfreundliche Witterungsverhältnisse führt dazu, die weichen Kinderfüßchen frühzeitig in stabile Schuhe zu pressen. Was der Schuh mit dem Fuß des Kindes macht, bleibt weitgehend unbeobachtet und unbegleitet.

Traditionell wird der lange Stiefel als die passende Reitkleidung des Reiters gesehen. Was der Reiter mit seinem Fuß im Stiefel macht, bleibt unbemerkt und unbeobachtet. Der Profi läuft in Vorbildmanier häufig den ganzen Tag in Stiefeln herum, was für seine Füße sicher nicht besonders gut ist.

■ Ein neues Gefühl für die eigenen Füße bekommt man, wenn man ihnen Aufmerksamkeit schenkt. Machen Sie sich einmal klar, dass seitdem der Mensch aufrecht geht, ihm seine Füße als »Grundelement« dienen. Aus den Füßen heraus richten Sie sich auf.

■ Konzentrieren Sie sich auf Ihre Füße! Nehmen Sie sie wahr, spüren Sie sie, indem Sie sie ansehen, berühren und pflegen. Reiben Sie sie warm und locker, kneten Sie sie durch. Nutzen Sie Anwendungen wie Pediküre, Fußreflexzonenmassage, Anwendungen aus der Feldenkraislehre etc.

■ *Für das Dressurreiten ist der lange Stiefel die passende Reitbekleidung.*

■ Eine sehr spezialisierte Fußübung in der Feldenkraislehre besteht darin, Ihren Füßen ein Stück künstlichen Boden z.B. aus Holz oder Kork entgegenzuhalten, während Sie dabei liegen und dadurch der Boden und die Füße keine Last aufnehmen. Sie werden feststellen, dass die Füße in wenigen Minuten wunderbar »bodenfühlend« reagieren.

■ »Spielen Sie Klavier« mit den einzelnen Zehen, heben Sie mit den Zehen einen Bleistift vom Boden auf, rollen Sie ab von der Ferse auf die Spitzen und umgekehrt. Schauen Sie sich ein Anatomiebild von einem Fuß an. Lassen Sie sich dabei überraschen, aus wie vielen filigranen Knöchelchen und Elementen der innere Fuß besteht.

■ Pflegen Sie Ihre Füße genauso wie Ihr Gesicht. Dann entsteht in Ihnen bald ein neues positives Gefühl Ihren Füßen gegenüber. Dieses Gefühl brauchen Sie für ein Reiten im Gleichgewicht.

Der Fuß gibt Ihnen Richtung. Der Fuß trägt Ihr jeweiliges Reiterbein und behält auch ohne Steigbügel die Verbindung zum Boden. Füße, die den Boden suchen, um darauf zu stehen, stützen Ihre ganze Position.

■ Vergegenwärtigen Sie sich für Ihre Füße die, wie ich sie nenne, Zehenrichtung. Zwischen der Zehenrichtung Ihrer beiden Füße läuft das Pferd hindurch. Es findet gewissermaßen seinen Weg. Wenn Ihre aufmerksamen Beobachter (das Auge von außen) Ihnen sagen, dass Sie sich und dem Pferd auffällige Zehenrichtungen vorschlagen, sollten Sie absitzen und Ihre Zehenrichtung beim Laufen beobachten. Gehen Sie dafür zwischen zwei durchgezogenen parallelen Linien hindurch und zwar geradeaus und in eine Wendung hinein. Besser als Sie es im Gehen machen, können Sie es auch nicht auf dem Pferd verwirklichen. Da hieße es dann, das Laufen neu zu lernen.

■ *Die Reiterin in Blick- und Zehenrichtung orientiert sich nach rechts – Pferd und Pferdeführer nach links.*

■ Häufiger ist es aber so, dass Sie Ihre Füße auf dem Boden recht ordentlich platzieren und auf dem Pferd den »Steigbügeltritt« komplett verlieren. Was immer daran schuld ist, fangen Sie heute und jetzt neu an. Geben Sie sich Zehenrichtung, und holen Sie sich Ihren ausgerichteten Fuß zurück.

■ Ihre Füße brauchen Boden. Sowohl wenn Sie stehen als auch wenn Sie auf dem Pferd sitzen und Ihre Füße im Steigbügel haben.
Für das Lot zum Boden, für das Finden der Schwerlinie, gibt die Literatur zwei Leitgedanken vor:
1. Die Fall-Linie führt vom Ohr des Reiters zur Hüfte durch seine Ferse hindurch. Dabei wird der Reiter angeleitet, den Absatz tief zu halten. Der Reiter macht das, da er sich über die leichte Verkantung vom Fußgelenk Stabilität verschaffen möchte. Er will seinen Sitz tief hinein und schwer ins Pferd bekommen. Mit der Einwirkung betonen Sie über den »verkanteten Sitz« die Absicht, wirksam am Pferd dran zu sein.

Viele Sättel sind auf diesen Sitz mit dem tiefen Absatz eingestellt, viele Steigbügel, viele Reitlehren und Reitlehrer. Der im Absatz und den darüber folgenden Gelenken verkantete Sitz ist zugegebenermaßen stabil. Im Dauergebrauch überfordern Sie damit aber Ihre Gelenke, da sie dort die Bewegung des Pferdes nicht mehr »durchschwingen« können. Das führt im schlimmsten Fall zu Ver-

■ *Die Fall-Linie führt vom Ohr zur Hüfte durch die Reiterferse.*

■ Andere Reitlehrer befürworten den Reitersitz im Lot der Fall-Linie – Mittelohr, Hüfte, Mitte des Fußes.

schleißerscheinungen und Arthrosen. Erinnern Sie sich daran, dass Ihre Pferde und Sie sich spiegeln. Verkantet und stabil wollen Sie sicher seltener sein als schwingend und losgelassen. Ich empfehle daher den Reitersitz mit dem tiefen Absatz nur punktuell einzusetzen, wenn Sie nämlich das Gefühl haben, das Pferd sonst nicht sitzen zu können.
Wenn Sie das Reiten in dieser vorgeschlagenen Form auf das Gehen übertragen, laufen Sie auf dem Absatz herum. Dabei können Sie dann diese gewisse Festigkeit und das relativ unnatürliche Verhalten in sich spüren. Wir sind schließlich keine Ritter, die durch die Lanze des Gegners aus dem Sattel gestoßen werden sollen.

■ *Lenken Sie die Aufmerksamkeit auf die Beziehung zwischen Füßen, Knien und Hüftgelenken.*

■ Andere Reitlehrer befürworten den Reitersitz im Lot der Fall-Linie Mittelohr, Hüfte, Mitte des Fußes. Dabei ist der Fuß plan gehalten zum Boden. Aus dem eigenen Stehen und Gehen heraus leicht zu spüren und zu erklären. Der lockere Hüftschwung bringt den Fuß plan auf oder veranlasst ein leichtes Abrollen. Der Sitz ist nicht schwer, aber tief im Pferd und genau in der Einwirkung über die Gesäßknochen. Sie schonen mit dem nicht so »schwergewichtigen« Sitz keineswegs nur den Rücken Ihres Pferdes, sondern auch Ihre eigene Wirbelsäule. Mit dem eben ausgerichteten Fuß können Sie die Gleichgewichtslinien der Füße einsetzen. Der Hochseiltänzer muss sie nutzen – Sie haben dazu die Möglichkeit und die Wahl. Die Querlinie vom Gleichgewicht Ihrer Füße verläuft hinter den Zehenballen und die Längsbalance zwischen großem und zweitem Zeh zur Ferse hinüber. Finden Sie die Gleichgewichtslinien der Füße heraus, indem Sie auf einem Vierkantbalken entlangbalancieren, und richten Sie Ihren Fuß entsprechend der Gleichgewichtslinien quer und längs ein.

■ Die entspannte, stabile Positionierung der Füße für eine bewegungsbereite Ausrichtung ist eine Becken- und Schulterbreite auseinander. Das gilt für Hula-Hoop-Spiele, Skilaufen, Reiten, Stehen und Gehen. Je gewinkelter die Position ist, desto weiter auseinander stehen die Füße (im Fußballtor, am Tennisnetz und immer auch, wenn noch das Pferd dazwischen passen soll). Trachten Sie zu Fuß und auf dem Pferd danach, nicht zu schnüren und sowohl die eine als auch die andere Körperhälfte über den Füßen zu tragen. Sie haben dann Stabilität aus dem Gleichgewicht. Nehmen Sie sich einen Hula-Hoop-Reifen, eine Balancierscheibe oder ein kleines Haustrampolin. Spüren Sie den

■ *Auch im Trab können Sie über dem Pferd stehen, um Gleichgewicht zu üben.*

Schwerkräften in die Füße hinein nach. Lenken Sie die Aufmerksamkeit auf die Beziehung zwischen Füßen, Knien und Hüftgelenken.

Stehen Sie über dem Pferd. Im Halten, Schritt, Trab und Galopp. Stehen Sie immer wieder senkrecht auf, suchen Sie Gewicht in Ihren Füßen und somit den Steigbügeltritt.

Schärfen Sie Ihre Sinne über Wiederholung, und passen Sie Ihr Schuhwerk soweit an, dass Sie immer noch ein Gefühl für sich und Ihren Fuß behalten.

■ In Ihrem Gehirn liegt das Bewegungszentrum für Hände und Füße so dicht beieinander wie Greifen ↔ Begreifen ↔ Erfassen beieinander liegen. In diesem Sinne können Sie Ihr Reitgefühl entwickeln, während Sie Ihre Füße entwickeln. Der englische Begriff von foot-eye-coordination (Fuß-Augen-Koordination) weist auf diesen engen Zusammenhang hin. Die contergangeschädigte Paralympic-Siegerin Bettina Eistel reitet ohne Arme. Mit ihren Füßen kann sie die Zigarettenschachtel aufmachen, die Streichholzschachtel, das Streichholz entflammen und die Zigarette anzünden. Ein beneidenswert anmutiger und fußentwickelter Bewegungsvorgang! Gleichgewicht hat seine eigenen Schönheitsideale. Hier den entwickelten, differenzierten, gescheiten und lebendigen Fuß.

■ Wenn wir unsere Füße als so hochwertiges »Grundelement« für das eigene Gleichgewicht einstufen, sollten wir eigentlich dazu übergehen, die Hufe/Füße der Pferde nicht so zu vernachlässigen. Immerhin gibt es einige Schmiede und mehrere bedeutende Tierärzte, die behaupten, dass die meisten frühen Verschleißerkrankungen der Pferde aus den fehl behandelten Hufen kommen. Leider können Sie daraus nicht ableiten, mal eben Ihren Hufschmied oder Tierarzt zu fragen, wenn Sie eine Information oder Beratung über Pferdehufe haben wollen. Es handelt sich dabei um ein breit gefächertes Spezialwissen, das sich nicht jeder während seiner Ausbildung angeeignet hat. Sogar die Literatur ist oft irreführend und die Bebilderung schärft viele Fehlerquellen rund um den Pferdehuf als Normalwahrnehmung ein. Eine Menge Pferdehufe sind zu klein, zu steil, in der Zehe zu kurz und in den Trachten zu hoch. Der Strahl ist häufig ungepflegt und die Ballen werden gequetscht. In der Hornqualität sind die Hufe moderig oder vertrocknet

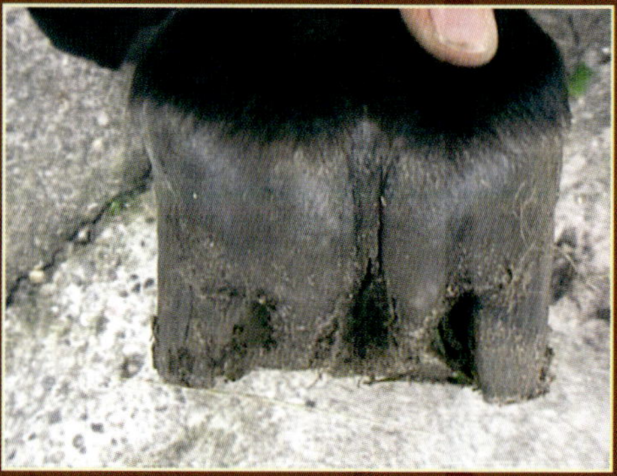

■ *Die meisten Hufe sind zu eng, zu steil, in den Trachten zu hoch und werden im Ballen gequetscht.*

und die Hufsohle ist von Eckstrebenhorn überwuchert. Die Auffußungsflächen sind in allen erdenklichen Formen krumm, schief und kantig. Zudem ist über mehrere Jahre jeder einzelne Huf ungleich zum anderen hingearbeitet worden.

Die Meinungen gehen zum Thema Hufbeschlag stark auseinander. Der eine bevorzugt vier Eisen rundum, der andere zwei Eisen vorne, ein Schmied rät zu Beschlag im Sommer.
Der eine möchte die Zehe schön kurz, besonders beim Springpferd, der andere möchte die Eisen schön klein, besonders beim jungen Pferd oder beim Pferd, das die meiste Zeit auf der Weide verbringt. Entstehen durch die steile Stellung Schmerzen und Arthrosen, wird das Pferd zur Entlastung der Sehnen noch steiler gestellt und der Huf mit Gummi unterpolstert. Dies alles ist der normale Wahnsinn, aber wo bitte finden Sie hier Gleichgewichtsmerkmale?
Wie aus der Einleitung ersichtlich, können Sie – wenn Sie im Gleichgewicht sind – jeden Boden aufsuchen und dabei plan auffußen, dabei entspannt weiteratmen, darüber ausschwingen und konzentriert und mit Freude lernen.

Die gewohnte normale Ansicht zum Pferdehuf entspricht der Beobachtung von Menschen mit Hühneraugen und Steinchen im Schuh oder Models auf dem Laufsteg in zu kleinen Schuhen mit zu hohen Absätzen.

So lange es gut geht, ist alles gut und Sie können »weglesen«. Doch meistens ist nicht alles gut! Neulich traf ich einen bekümmerten Züchter, dem von zehn zum Verkauf angebotenen Jungpferden acht durch den

»Pferde-Tüv« fielen. Ein tiermedizinisches Forschungsprojekt hat ergeben, dass von 100 Fohlen im ersten Jahr 90 einen Chip entwickeln.

Viele Reitpferde sind frühzeitig lahm und werden mit Beschlagskorrekturen und Gelenkspritzen fit gehalten. Oder Ihr Traumpferd mit den Superbewegungen zeigt ein paar Jahre später nicht mehr die gewünschte Leistung.

Hufdeformationen sind rasseübergreifend. Shetlandponys, Isländer und Quarterhorses sind gleichermaßen betroffen wie Warmblüter und Vollblüter. Wir brauchen den neuen wachen Blick auf Hufe im Gleichgewicht. Natürlich, naturnah, lebendig. »Dieses Pferd kommt eben so daher«, ist der häufig gebrauchte Satz, der auf Unwissenheit schließen lässt.

Was ist zu tun? Lernen Sie die wichtigsten Merkmale für einen Pferdehuf, der sich im Gleichgewicht befindet, kennen, und speichern Sie diese Daten in Ihre Wahrnehmung ein. Zum Beispiel ist die Winkelung der Vorderhufe zum Boden 45° bis 52° und die Hinterhufe 45° bis 55°. (Jetzt können Sie bei Ihrem Pferd ein Geo-Dreieck anlegen und sich dann wundern.) Der Strahl ist in wunderbarer V-Form voll und gelb oder schwarz (... und bei Ihrem Pferd?). Die Hufform verläuft kegeltrichterförmig zum Boden, wie ein umgekehrtes Kindersandeimerchen (und sollte nicht aussehen wie eine Röhre, ein Rehbock- oder ein Eselshuf – wie steht es bei Ihrem Pferd?).

Das Sohlenhorn und das Eckstrebenhorn können Sie voneinander gut unterscheiden, und die Sohle bildet eine kleine Mulde, die beim Auffußen noch herunterfedern kann. Das Pferdebein darüber ist weder geschwollen noch entzündet. Das Auffußen ist elastisch und schwingend. Ihr Pferd fühlt den für es unangenehmen Boden, ohne ihn vermeiden zu müssen.

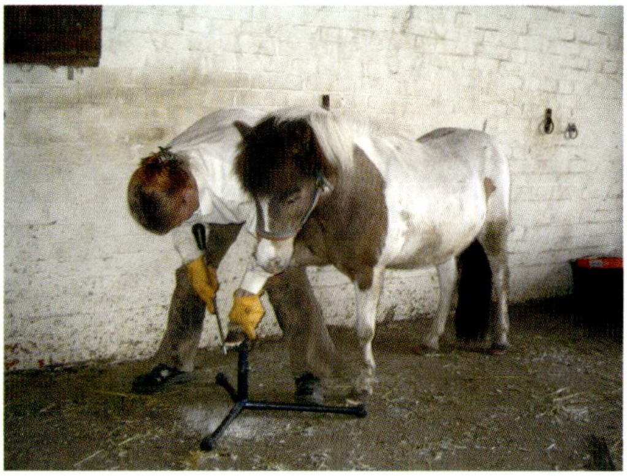

■ *Hufdeformationen sind rasseübergreifend. Auch ein Shetlandpony möchte, dass seine Hufe optimal gepflegt werden.*

■ *Ihr Pferd geht elastisch und schwingend.*

Suchen, finden und bestimmen Sie Gleichgewicht für den beschlagenen und unbeschlagenen Huf Ihres Pferdes.

Geben Sie sich nicht mit dem Halbwissen vieler Schmiede und Tierärzte zufrieden. Nehmen Sie Deformation nicht als gegebenen Endzustand hin. Glauben Sie an den Gleichgewichtssinn und bieten Sie dem Pferd eine dahin orientierte Hufkorrektur an. Im Laufe von ein bis zwei Jahren (bei naturnah ausgerichteten Haltungsbedingungen) passt Ihr Pferd die Hufe neu an.

Füße im Gleichgewicht sind ein Eckmerkmal, auf das es sich lohnt, nicht zu verzichten.
»Der Boden trägt«

Bewusst, beweglich und kompetent seinen Fuß beim Reiten bestimmen heißt:

- die Fußsohle plan einrichten
- die Zehenrichtung auf den Weg einspuren
- auf den Balancelinien des Fußes Last aufnehmen
- den Fuß lebendig, vital, berührbar machen über aufmerksame Beachtung, manuelle Anwendungen, Pflege und geschmeidiges Schuhwerk
- mit einzelnen Partien des Fußes »Klavierspielen« können (den Zehen, der Ferse, der Innenkante, der Außenkante)
- das Fußgelenk präzise trainieren mit Bewegungen nach rechts und links, auf und ab und Kreisen.
- die Füße des Pferdes anatomiegerecht und naturnah in Ordnung bringen. (Expertenwissen erhalten Sie aus Büchern, auf Kursen und durch Beratungsgespräche mit Spezialisten.)

Das Einrichten der Füße in ihr Gleichgewicht bei Ruhe und Funktion verbessert nicht nur Ihr Reiten, sondern auch Ihr Stehen und Gehen. »Wie geht's? Wie steht's?«

3. Vom Suchen und Finden des Reiterbeins

Eines der Kriterien, das den Profi der Meisterklasse vom Allrounder oder Reitausbilder XY unterscheidet, ist die Fähigkeit, das Reiterbein zu suchen, zu finden und differenziert bestimmend einzusetzen.

Wenn Sie Pech haben, werden Ihnen Funktionsweisen und das Gefühl für das Gleichgewicht in den Beinen schon in den ersten Stunden und Monaten im Reitunterricht abhanden kommen.

Gehen Sie davon aus, dass unsere Pferde den Reiter da oben nicht nur tragen und ertragen, sondern die Reiteinheit mit Zielen, Ergebnissen und Ihrer reiterlichen Einwirkung richtig mögen! Dabei hat dann der natürliche, naturnahe und intelligente Einsatz des Reiterschenkels eine sehr große Bedeutung.
Beobachten Sie die Pferde beim Reiten. Es ist sehr informativ und lehrreich, auch anderen zuzuschauen: den Meistern und den schlechten Reitern. Manche Pferde seufzen sich durch die Reiteinheit, oft herrscht Atemlo-

sigkeit vor, wo Prusten und Abschnauben erfolgen könnte. Manche Pferde eilen hektisch herum und platzen ab und zu weg oder drängeln und scheuen sonstwie. Während wiederum andere hölzern und mit in sich gekehrtem, erloschenem Blick ihre Kreise ziehen, sind die dritten gar nicht da, weil sie wegen Krankheit ausfallen. Schon an dieser Stelle will ich erwähnen, dass viele Krankheiten der Pferde aus falsch verstandener reiterlicher Einwirkung herrühren; mehr als aus anderen Kriterien, wie z.B. der reinen Boxenhaltung ... Wir treten an, sie besser zu machen durch Gymnastisierung, Ausbildung, Beritt.

Was ist nach einigen Jahren aus dem begabten, wertvollen, ausstrahlungs- und bewegungsbegabten Jungpferd geworden? Na eben – siehe oben: es geht hölzern, atemlos, resigniert, ist schreckhaft oder unauffällig.

WO WIR VERBESSERN WOLLTEN, HABEN WIR IM LICHTE DER WAHRHEIT ABBAU BETRIEBEN.

Ein Hauptkriterium, sich beim Reiten pferdefreundlich und effizient einzusetzen, ist erfüllt, wenn Sie Ihre Balance im Reiterbein nicht verlieren oder zurückerobern. Klammernde Beine oder solche, die treibende Hilfen als ein Zusammenpressen des Pferdes verstanden haben, sind dabei ebenso fehl eingesetzt wie verkantete, verdrehte oder hochgezogene Reiterschenkel.

Erhalten Sie sich ihr Jungpferd bewegungsstark und mit Ausstrahlung.

Natürlich, naturnah und gleichgewichtsorientiert im Reiterschenkel – was ist zu tun?

Kompetent, bewusst und beweglich werden Sie aus fünf Perspektiven:

1. Die Beine können hängen! Es handelt sich dann immer um ein locker suchendes langes Bein mit Fußspitzenorientierung zum Boden. Vor meinem Wohnzimmerfenster saßen kürzlich stundenlang zwei kleine Mädchen rittlings auf der Reckstange – fröhlich plaudernd. Zu ihrer Entlastung hängten sie sich zwischendurch an den Kniekehlen über die Stange und plauderten so, den Kopf nach unten, weiter. Dann mal in geteiltem Körper: aufgehängt Kopf oben über einer Kniekehle, das andere Bein lang baumelnd. Von Verkrampfung keine Spur. Auch James Bond braucht das lange, suchende, tastende Bein, während er sich in Schwindel erregender Höhe auf einem Vorsprung oder Mauersims an einem Dach entlanghangelt.

Jeder Anfänger wird bei mir als erstes mit diesem langen über die Fußspitzen nach dem Boden angelnden Reiterbein bekannt gemacht. Mit und ohne Sattel. Das dreijährige Kind, das auf Shetlandponys auf dem Weihnachtsmarkt reitet genauso wie der erwachsene Reitanfänger mit und ohne Sattel.

Ich veranlasse die Suche nach dem langen, frei herabhängenden Reiterbein auf dem ruhig stehenden Pferd, bis der Reiter dieses lang Richtung Boden sinkende Reiterbein gefunden hat. Ich stabilisiere dieses Gefühl dann mit (Monate) langem Schrittreiten. Im Schritt kann ich das Reiten in allen Gangarten erlernen, da die acht Bewegungsphasen im Schritt so viel dimensionaler durch den Reiterkörper laufen. Bis der Reiter die dazu passende Losgelassenheit gefunden hat, entlaste ich das Pferd weitgehend damit, dass ich es am hingegebenen Zügel gehen lasse (bei tiefer Hand, an der Schnalle angefasst). Zudem nehme ich den Reiter mit in vertrautes Gelände, wenn er sich nicht sicher fühlt, läuft sein Reitpferd als Handpferd mit. Das Pferd ist zu Beginn des Ausritts durch die ganzen Eindrücke von der Steifheit seines Reiters etwas abgelenkt, bis dieser sich schließlich durchgelockert hat. Es verkrampft sich nicht gleich mit.

■ *Kinder reiten auf Shetlandponys gerne ohne Sattel.*

Was kann der Reiter aktiv für sich tun, damit er das lang und frei am Pferd herabhängende Bein findet?

■ Sitzen Sie ohne Steigbügel sicher und gut? Schaukeln Sie erst das eine, dann das andere Bein am Sattel entlang vor und zurück und dann beide. Machen Sie das im Schritt, Trab und Galopp!

■ Immer noch ohne Steigbügel: Schütteln und schlenkern Sie erst das eine, dann das andere Bein in Richtung Boden aus.

■ Schütteln Sie Ihre Fußspitzen in Richtung Boden aus, als wollten Sie Wassertropfen loswerden, die an den Zehen hinunterperlen.

■ Schlenkern Sie die Unterschenkel vor und zurück. Versuchen Sie dem Pferd mit Ihren Zehenspitzen die Ganaschen zu streicheln oder sich selber in den Hintern zu treten.

■ Verhalten Sie sich wie ein Voltigierkind. Kreuzen Sie die Beine vor dem Sattel oder hinter dem Sattel wie bei der Übung »Schere«.

Gehen Sie mental in Ihr langes Bein! Spannen Sie es an und lassen es dann sinken, damit Sie Unterschiede spüren lernen.

■ Schicken Sie einen Gedanken von Licht, Raum und Wärme in Ihr Bein hinein – vom Hüftgelenk über die Knie über die Fußgelenke und die Fußspitzen zum Boden.

Machen Sie ganz schnell ein langes Bein, als wollten Sie jemandem auf die Zehen treten. Machen Sie das mit Energie. Plötzlich – überraschend – wiederholt. Jetzt haben Sie eine wunderbar energiereiche vortreibende Hilfe gefunden!

■ *Das Stehen auf dem Pferd erfordert viel Gleichgewichtssinn. Hier Marcia auf Cartouch.*

2. Die zweite Perspektive zum Einrichten des gebrauchsfähigen Reiterschenkels heißt: Das Bein kann stehen. Es steht, oder vielmehr ruht, im Bügel oder in der Tendenz zum Boden. Einige Seiten zuvor, haben Sie Ihre Füße spüren gelernt. Und jetzt lassen Sie Ihr Bein darüber stehen. Reiten nicht im Sitzen, sondern als Balancestand mit Berührungspunkten im Sitz.
Reiten Sie stehend – im Halten, Schritt, Trab und Galopp. Stehen Sie jeden zweiten Schritt oder Sprung auf, wie beim Leichttraben. Auch im Galopp. Ihr Pferd wird es Ihnen mit Gehfreude und Erhabenheit danken. Erstens, weil Sie Gleichgewicht anlegen müssen, um in der Bewegung – über der Bewegung stehen zu bleiben und zweitens wegen der dabei gewonnenen Freiheit im Rücken.
Sie können also das Gleichgewicht der Beine im Bügel suchen, indem Sie stehend reiten. Um nicht abzukippen oder in das Pferd hineinzuplumpsen, müssen Sie den Fuß als tragende Fläche benutzen, und Sie können Ihre Oberschenkel anlehnen. Ein Klammern am Pferd nützt Ihnen nichts, da Sie dabei das Austarieren der Gelenke zueinander/übereinander nicht schaffen.

Den Balancestand als Grundsitz des Reiters setzen wir nicht nur hoch aufgerichtet ein, sondern mit jeweils kürzerem und längerem Steigbügel auch tiefer abgewinkelt in den Gelenken.

Eine Gemüsekiste sollten Sie nicht mit gebeugtem Rücken hochheben, sondern immer dabei tief in die Knie gehen. In derselben Haltung mit gegrätschten und angewinkelten

■ *Wie im Leichttraben, so auch im Galopp: Stehen Sie in einem Galoppsprung auf und setzen Sie sich im zweiten wieder hin.*

Beinen erwarten Oliver Kahn im Fußballtor und Boris Becker hinter dem Tennisnetz den Ball. Hula-Hoop spielen, Mülltüten hochheben, Gewichtheben, Reiten – immer »derselbe Stand«, nur dass Sie beim Reiten eben nicht mit gegrätschten Beinen auf dem Pferd stehen, sondern sitzen.

Über den Füßen können Sie die Winkelungen der Fußgelenke suchen, der Knie und der Hüftgelenke. Darunter stellen Sie dann wieder den Fuß.

Gleichgewicht haben Sie dann gefunden, wenn Sie sich vom Pferd durchfedern lassen können, ohne mit den Beinen zu klammern, am Zügel zu ziehen oder in den Rücken des Pferdes hineinzuplumpsen. Für Gleichgewichtsmerkmale ist es dabei unerheblich, ob Sie die Beine insgesamt vom Pferd freimachen und wegspreizen oder dosiert anlegen. Der Balancestand als Grundsitz ist immer »kniespitzenhängig«. Oft sage ich auch, wie ein Hineinknien ins Pferd. Alle von oben kommende Energie geht nicht nur durch den Mittelfuß zum Boden, sondern auch über die Kniespitzen. Hineinknien ins Pferd! Hüftgelenke und Fußgelenke funktionieren dabei mit radialer Bewegungsfreiheit rund um eine Mitte. Das Knie ist eher ein Scharniergelenk, das dosiert öffnet und schließt. Im Knie sollten Sie besonders gut auf Ausrichtung achten und auf dosierten Gebrauch. Für Hüftgelenke und Fußgelenke können Sie sich ein Rollenlassen zurückerobern, ein Mitschwingen in alle Richtungen in Beziehung zu einem darin liegenden Mittelpunkt.

3. Die dritte Perspektive für das Reiterbein funktioniert zu Fuß.

■ *Im Geschicklichkeitsparcours: Die Reiterin hat eine sehr gut hinfühlende Hand. Das Reiterbein ist hier etwas offen im Knie.*

■ Gehen Sie mit glatten Schuhsohlen oder auf Strumpfsocken im Schlittschuhschritt. Gleiten, gleiten, gleiten! Denken Sie an Skilaufen, Rückenschwimmen, hinkeln oder hüpfen.

■ ***Das A und O des Reiterbeines ist die Winkelung und die Ausrichtung aller Gelenke übereinander und zueinander, im Fußgelenk, Kniegelenk und Hüftgelenk. Stimmen Sie sich zur Funktion hin ab.***

Das betrifft die Richtung der Knochen, ihre Winkelung und die Aufgabenverteilung. Diese Anordnungen zueinander sind beim verwahrenden Schenkel anders als beim vortreibenden. Und beim Springsitz anders als beim Dressursitz oder Rennsitz.

Vom Pferd wissen wir, dass es mit den Gelenken der Hinterhand über Winkelung zu-

DAS REITERBEIN ZU ERARBEITEN KANN AUCH HEIßEN: DAS LAUFEN ZU ERLERNEN.

einander Last aufnehmen und Federkräfte entwickeln soll. Dasselbe erwartet das Pferd von uns. Wir sollten uns unabhängig von Pferd und Sattel platzieren und positionieren können, um in allen Richtungen und Gangarten mitzugehen, bis wir daraus einwirken.

■ Als Bild, wie Sie Ihre Aufmerksamkeit neu in Ihre Hüftgelenke bringen können, hilft Twist tanzen oder eine Zigarette austreten. Beim Ausfedern oder Tänzeln auf einem Zimmertrampolin können Sie alle aufrechten (Tänzer) oder angewinkelten Positionen (Sportler) einüben und fühlen lernen, während Ihr Boden (Trampolin) mitschwingt.

4. Die vierte Perspektive für das Reiterbein heißt, sich eine funktionierende Innenfläche vorzustellen und einzurichten. Ob kurz oder lang, dick oder dünn, sportlich oder unsportlich: Das Reiterbein liegt in seiner Innenseite flach am Pferd an – wohlgemerkt – dosiert – flach am Pferd.
Ein kleiner, runder Mensch, der die Federkräfte der Gelenke nutzt und die Innenseite seiner Beine flach und dosiert anlegt, ist für das Pferd eine viel klarere und angenehmere Unterstützung beim Reiten als ein langer, sehniger Mensch, der die Gelenke feststellt, die Beine dadurch zwingend einwärts dreht und die Schenkeleinwirkung nicht mehr dosieren kann. Das vortreibende und seitwärts treibende Reiterbein geht vom Hüftgelenk über die Oberschenkel und Knie bis zum

■ *Die Innenseite der Beine sind hier gut, d.h. flach und dosiert angelegt worden.*

oberen und inneren Teil der Wade. Der Fuß nimmt nur Last auf, hat jedoch eigentlich keine treibende Aufgabe. Er wird partiell als Strafstoß eingesetzt, was manche Reiter als Dauermaßnahme verstanden haben.

■ Richten Sie nach dem Aufsitzen mit beiden Händen Ihre Oberschenkel im Sattel ein. Sie sollen flach an der Innenseite anliegen.
Üben Sie, Ihre Wade impulsartig und dosiert um das Pferd zu spannen und die Beine dabei dosiert zu schließen.

■ Kombinieren Sie Ihren vortreibenden und daher auch versammelnden Schenkeleinsatz mit dem Vorsatz, nach vorne zu kommen (dem Vorhaben) und eventuell mit einer Stimmhilfe. Ihre Stimmhilfe kann auch leise sein, aber sie sollte ein Wollen in sich haben.

■ Überprüfen Sie, ob Sie mit Ihren Knien Impulse über den Sattel an das Pferd abgeben können. Das sich schließende Reiterbein für den gefestigten Sitz und für die »Schienung« des gesamten Pferdes in die Bewegungsrichtung reicht etwa von der Hälfte des Oberschenkels bis hinunter zur Hälfte der Wade. Die Innenseite der Knie können Sie dosiert einsetzen als Knieimpuls zum Pferd hin, als Begrenzung oder Hilfe für seinen Seitwärtsimpuls.
Wenn Sie ein Knie vom Sattel weg öffnen, geben Sie damit dem Pferd die Möglichkeit, sich in diese Richtung zu wenden. Auch wenn der Zuruf »Knie zu« beim Reitunterricht häufig verwendet wird, sollten Sie die Knie und das gesamte flach anliegende Reiterbein nur dann fest zumachen, wenn die Sprünge sehr hoch werden oder Sie insgesamt in Gefahr sind, abgeworfen zu werden.

Achten Sie darauf, ob Ihr Pferd die vortreibenden Schenkelhilfen und Ihre Position verstanden hat. Vor allem Gleichgewicht läuft zwischen Pferd und Reiter ein Informationsaustausch ab.

Wenn Sie vortreibende Hilfen einsetzen, signalisiert Ihr Pferd mit seiner unverzögerten Reaktion bei klarem Augenausdruck, dass es die vortreibende Botschaft verstanden hat. Ein Lernprozess! Und oftmals auch ein »Sprachenabgleich« zwischen verschiedenen Trainern, Reitschülern und Pferden.

Ein weiterer großer Höhepunkt beim Ordnen des Reiterbeines zum Gleichgewicht ist die Suche nach dem »geteilten« Bein.

Um das auszuprobieren, muss sich der Reiter auf dem Pferd in »Schrittstellung« positionieren. Dabei wird ein Bein etwas (ca. eine Handbreit) hinter dem Sattelgurt platziert, während das andere am Gurt liegen bleibt. Diese Position einzunehmen, fällt nicht unbedingt leicht. Vor allem, wenn man Angst hat und dadurch mit den Beinen klammert oder chronisch fest ist. Ihr Reitlehrer kann Ihnen als wacher Beobachter eine Rückmeldung geben, wenn er sich entweder hinter Sie oder sich an die Außenseite einer gebogenen Linie stellt.
Viele Reiter schwenken nur Fuß oder Wade nach hinten. Eine Menge Pferde reagieren

auch darauf, weil sie es so gelernt haben. Jedoch wird der eigentliche Zweck des verwahrenden Schenkels nicht erfüllt. Sowohl die hinteren Rippenbögen als auch das jeweilige Hinterbein werden nicht erreicht.

Bei dem starken Vorwärtsdrang des Jungpferdes »Dark de Vito« ist es schwierig, sich die Beinlage innen am Gurt und lang zu erhalten.

Wie bringe ich dem Reiter das geteilte Reiterbein bei?

Kindern sage ich, dass sie sich beim Angaloppieren oder Abwenden die Schrittstellung vorstellen sollen, die sie beim »Pferdchensprung« einnehmen. Ihnen ist meist von ganz allein klar, dass hierbei nicht nur der Unterschenkel platziert wird, sondern die Bewegung vom Hüftgelenk aus eingeleitet und über das gesamte Bein abwärts weitergeleitet wird. Die Schüler in meiner Reitschule reiten genauso gerne ohne Sattel wie ohne Steigbügel. Daraus sitzen sie auch mit aufgenommenem Steigbügel locker und entspannt und können ihre Beine ausrichten.

Viele Erwachsene kommen nicht dazu, den verwahrenden Schenkel nach hinten sinken zu lassen, weil sie sich im unteren Rücken-

Der innere Schenkel am Gurt treibt vor und der äußere Schenkel hinter dem Gurt verwahrt.

■ *Für den dosierten Einsatz der Schenkelhilfen muss sich der Reiter mit der Tagesform und dem Vorwärtsdrang des Pferdes abstimmen. Wittorio stürmt und der Reiter verhält sich vorsichtig dosiert treibend.*

bereich festmachen. Dadurch verkürzen sie die Leistenbänder und erschweren damit auch den Hüftgelenken eine freie Bewegung. Das fühlt sich alles sehr stramm an, auch für den beteiligten Reiter selber. Sie können diese Verspannung mit dem darauf gerichteten »inneren Auge« lösen.

Fühlen Sie mit Ihrer flachen Hand in den unteren Rückenbereich hinein, und warten Sie, bis durch die Berührung die Festigkeit gelöst ist. Verfahren Sie genauso mit den Bändern in der Leistenpartie. Hilfreich ist, wenn Sie jemand anderen fühlen lassen.

Bewegen Sie sachte und abwechselnd ein Bein nach dem anderen am Sattel entlang vor und zurück. Heben und senken Sie die Knie. Denken Sie dabei von den Kniespitzen ausgehend.

Das Balancieren des Pferdes in eine den Reiter stützende, geschlossene Form setzt auch bei starkem Vorwärtsdrang des Pferdes immer den Einsatz vorwärts treibender Schenkelhilfen voraus. Für das Geraderichten des Pferdes in seine Längsachse benötigen Sie seitwärts treibende und verwahrende Schenkelhilfen als Unterstützer. Der Geheimtipp dazu ist, diese Hilfen dem Pferd und dem Vorhaben entsprechend dosiert und differenziert einsetzen zu wollen und das auch umsetzen zu können.

Kompetent, bewusst und beweglich seine Schenkelhilfen beim Reiten bestimmen zu können heißt:

■ Oberschenkel, Knie und Wade als Reiterbein zu sehen. (Ich habe als Anwendungshilfe im folgenden Kapitel das Fußgelenk beim Fuß mit zugeordnet sowie die Hüftgelenke zum Einsatz des Beckens.)

■ Beine sinken lassen, hängen lassen, als wären es Gummibänder-Beine oder Salvadore Dalis »Weiche Uhren«.

■ Die flache Innenseite von Oberschenkel, Knie und Wade finden.

■ Ein abwechselndes und beidseitig gleichzeitiges Schließen des gesamten Beines und der einzelnen Partien Oberschenkel, Knie und Wade üben.

■ Das Öffnen und Schließen der Gelenke geschehen lassen und alle Gelenke im Zusammenspiel zueinander aufbauen. Vergleichbar mit Oliver Kahns Stand im Fußballtor und Boris Beckers Stand am Tennisnetz, sehe ich die Sitzarten des Reiters als Balancestand, nur eben mit dem Pferd zwischen den Beinen.

Für den Einsatz der Schenkelhilfen ist es ganz wesentlich, die Tagesform und den Vorwärtsdrang des Pferdes zu berücksichtigen.

Ich muss seine Reiz-Reaktionsschwelle kennen und wissen, ob es gelernt hat, seinen Empfindungen zu vertrauen.

■ *Vier nette Reiter- und Pferdepopos, auch von hinten schön anzuschauen.*

Der Einsatz der reiterlichen Schenkelhilfen soll das Pferd nicht atemlos werden lassen, nicht überreizt und hektisch und auch nicht abgestumpft und resigniert.

Hier gilt es zu dosieren und sich auf verschiedene Pferde einzustellen, bevor ich voraussetze oder »verbessere«.

Der differenzierte Einsatz des Reiterschenkels bringt Gleichgewicht für die Versammlung und für das Geraderichten des Pferdes. Sie können das Pferd auch insgesamt besser kontrollieren und auf es reagieren, da Sie »am Pferd dran« sind.

Wenn Sie sich mit Ihrem Reiterbein vertraut machen, bewahren Sie sich vor Überbeanspruchung und Verschleiß in den Gelenken und im Rücken. Gleichmäßige angemessene Aufgabenverteilung, wie Körperteile funktionieren sollten, bewirkt Schutz vor Überbelastung und ein einfacheres, beweglicheres Gehen, Stehen und Reiten.

4. Vom Suchen und Finden des Reitergesäßes

Gesäß weich auseinander, Gesäß breit auseinander, Gesäß teilen, Gesäßhälften sinken lassen. Nur so kann es doch reiterfreundlich sein, über der Wirbelsäule und den Rippenbögen bequem einzusitzen. Denken Sie sich in Ihre Beckenregion hinein.

Zwei Gesäßknochen, die kufig angestellt werden können, um Information an den Pferderücken durchzureichen, und dazu Kreuzbein und Steißbein.

Stellen Sie sich z.B. Bauchtänzerinnen vor: sinken lassen, kreisen lassen in alle Richtun-

■ *Wechseln Sie gleichmäßig zwischen den Sitzarten, Leichter Sitz und Grundsitz.*

■ *Sie können die Aufgabenstellung für Ihr Pferd variieren, um es körperlich und geistig beweglich zu halten.*

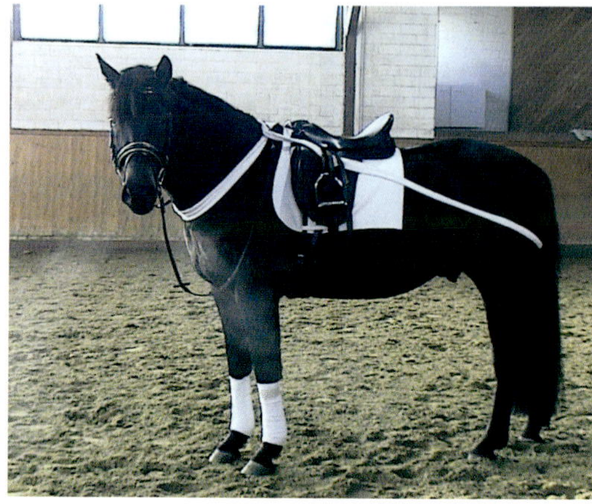

■ *Das Arbeiten mit Körperseilen und Zuggeschirr macht dem Pferd ein deutlich gutes Körpergefühl in der Beckenregion.*

gen hinein, Bewegungen finden oder nachfolgen lassen.

Auch die beiden großen Beckenknochen und das Schambein sind nicht starr, sondern minimal flexibel miteinander verbunden.
Differenzierte Beweglichkeit im Becken ist geringgradig möglich und daraus können Sie sich ein bedeutsames, einflussreiches Bewegungspotential erschließen.

Wie erreichen Sie ein Gefühl für Ihr Becken? Wie können Sie sich in Ihrer Beckenregion »gleichgewichtsorientiert« verhalten?
Sie können die körpereigene Tendenz, ins Gleichgewicht zu kommen, nutzen. Gewohnheitsmäßig irgendwie eingerichtete Haltung oder Körperspannung verhindert, klar zu erkennen, was praktisch und unpraktisch oder angemessen gespannt oder unangemessen verspannt ist.

Sie haben womöglich die Orientierung zur Erde hin verloren, sich tragen oder fallen zu lassen (der Erdanziehungskraft folgend). Gewohnheit ist oft gekoppelt mit Unwissenheit und Unaufmerksamkeit. Hiervon sind viele Menschen in der Beckenregion betroffen. Kraft- und Bestimmungsmerkmal, sich in der Beckenregion für Weichheit und Geschmeidigkeit loslassen zu können, sowie das Anstellen des Beckens unter Ausnutzung der Fliehkräfte für die Aufrichtung bekommen Sie, indem Sie gefühlte Information abrufen, die Sie für einzelne Partien im Becken entwickelt haben. Die beiden Gesäßknochen (Sitzbeinhöcker) z.B. können Sie gut spüren, wenn Sie sich auf Ihre Handflächen setzen. Wenn Sie jetzt eine Rollbewegung nach vorne und nach hinten mit dem Becken ausführen, werden Sie merken, wann Sie diese senkrecht (lotrecht) eingestellt haben und wie Sie Ihre Wirbelsäule und dadurch Ihren Oberkörper automatisch darüber aufbauen. Bei senkrechter Position haben Sie den

Grundsitz erreicht. Wenn Sie sehr weit hinten an den Gesäßknochen einsitzen, sind Sie im Schwersitz oder Belastungssitz.
Je mehr Sie über die vordere Partie der Gesäßknochen einwirken, reduzieren Sie die Gewichtshilfen auf der Wirbelsäule und sind daher im Entlastungssitz.

Wichtig für geschmeidiges Reiten aus der Beckenregion ist, dass Sie sich geistig nicht auf vier Sitzarten einrichten (Entlastungssitz, Grundsitz, Schwersitz, leichter Sitz oder Springsitz), sondern dass Sie lernen, in Ihrer Beckenregion zwischen diesen Sitzarten graduell zu wechseln und die verschiedenen Sitzarten bewusst einzusetzen.

Kinder, die am Mittagstisch auf ihrem Stuhl hin- und herwackeln, suchen unbewusst diese Möglichkeiten, sich aus der Beckenregion heraus stark zu machen. Das tun junge Reiter auch.
Das Beckenrollen in alle Richtungen lässt sich sehr schön auf einem großen Gymnastikball einüben. Nichts erschwert Ihnen mehr den Einsatz einer freien Beckenregion als eine frühe feste Form und Vorgabe.
Spielen Sie mit dem Abstand zwischen den beiden Gesäßknochen. Über Konzentration in Verbindung mit Ein- und Ausatmen können Sie den Abstand vergrößern oder verringern oder die Gesäßknochen versetzt zueinander vor- und zurückverlagern. Es handelt sich dabei um minimale Bewegungen im kleinsten Radius. Sie können mit dieser Übung ein großes Potential erschließen.
Ein »freies Becken« und Information sind »Geschwister«. Dazu kommt noch freies

■ *»Das Gesäß küsst den Sattel ...«*

Becken und der Kontakt zur Atmung. Denken Sie sich in Ihr Kreuzbein und Steißbein hinein. Lassen Sie dabei Ihren Atem kommen und gehen. Werden Sie in diesem Bereich vom Atem aus bewegt? Dann können Sie jetzt anfangen, Kreuzbein und Steißbein zu bestimmen. Loslassen steht dabei immer vor dem Einrichten in eine bestimmte Position. Wahrnehmen und Spüren kommt vor dem Gebrauch.

Die größte Frustration oder das schlimmste Festmachen, zeigt ein Pferd seinem Reiter, je verkrampfter und verhärteter dieser in seiner Beckenregion ist.

Im Becken sitzt die Angst. Dabei muss es sich nicht immer um Höhenangst oder die Angst vor dem Fallen handeln. Es kann auch seine Angst vor dem Leben, vor der Liebe und vor der Freude sein, die den Reiter blockiert. Es kann sich aber auch um lang eintrainierte Falschinformationen darüber handeln, wie Kraft entsteht.

Entwickeln Sie für Ihr Pferd eine neue Kraft in der Beckenregion. Sie ersparen dem Pferd (und Ihrem Portemonnaie) viele Probleme im Rücken.

Sie bleiben auf Ihrem Ausbildungsweg in die richtige Richtung – hin zu besserer Muskulatur, schönerer Haltung und einem rittigeren Pferd.

Halten Sie Ihr Pferd in der Kruppe berührbar und locker. Auch Pferde lieben es, an den Sitzbeinhöckern berührt zu werden. (Sie finden diese rechts und links der Schweifwirbel). Mit wippenden Knetbewegungen können Sie auf die Kruppen- und Oberschenkelpartie des Pferdes einwirken. Diese soll prall sein. Verhungert, stumpf und eingefallen soll das Pferd in diesem Bereich nicht aussehen, sonst müssten Sie sowohl die Fütterung verändern als auch Ihr Training umstellen. Das Pferd darf aber von seiner Muskulatur her keinesfalls wie ein »Marathonläufer« wirken. Eine Übersäuerung des Muskels führt zu Überspannung und damit zu Hektik und Festigkeit.

Richten Sie Ihre Beckenregion kompetent, bewusst und beweglich auf dem Pferd ein:

- Denken Sie an die individuelle Beweglichkeit der Beckenknochen.

- Spielen Sie mit den allerkleinsten Bewegungen Ihre Gesäßknochen zueinander und auseinander.

- Lassen Sie über Aufmerksamkeit und

■ *Ausrüstungsgegenstände müssen immer passen und so bequem sein, dass sie keine Druckathropien und Blutseraabsackungen hervorrufen.*

Atmung Ihr Kreuzbein und Steißbein sinken, vibrieren und federn.

■ Lassen Sie Ihren Atem in Ihre Beckenregion hineinkommen und -gehen.

■ Denken Sie sich die Sitzarten als Eckpositionen graduell zu bewirkender Positionen vor, auf und hinter den Gesäßknochen.

■ Die Beckenregion Ihres Pferdes sollte keinesfalls eingefallen wirken. Ganz wichtig: Das Pferd muss in diesem Bereich schön locker sein.

■ Ein »freies« Gesäß beim Reiten zu erreichen, braucht Zeit. Warten Sie darauf, dass Ihr Pferd Sie zum Sitzen bringt. »Eile mit Weile ...« Auf einem herumrasenden Pferd können Sie genauso wenig Ihr Becken entspannen wie auf einem übermüdeten, hölzernen Pferd, auf dem Sie ständig treiben müssen.

An dieser Stelle möchte ich eindringlich darauf verweisen, dass Sie nur zu einer freien Beckenposition auf dem Pferd kommen werden, das Sie hinsetzt.

Die Qualität des Pferdes wird dann nicht an seinem Leistungsvermögen und seiner Leistungsbereitschaft gemessen. Seine Qualität hat nichts mehr mit seiner Abstammungsurkunde oder mit seinem Alter zu tun. Qualität bedeutet in diesem Fall Reiteignung. Kriterien sind dann Exterieur und Interieur. Wohlfühlqualität!

Auch der zu Ihnen passende Sattel, der gleichzeitig auf Ihrem Pferd nicht stört und daher gut aufliegt, soll Ihr Einsitzen, Dransitzen und Aussitzen unterstützen. Ich habe selber einige meiner Kleinpferde gerne ohne Sattel geritten, weil deren »Kindersättel« mir und dem Pferd nur wenig Reitvergnügen vermittelten.

Joachim Sander, Experte für Sattelanpassung sagt dazu: »Wenn wir wollen, dass das Pferd das zu uns gewonnene Vertrauen behält, es eher festigt als verliert, dürfen wir ihnen in der täglichen Arbeit keine Schmerzen zufügen. Ausrüstungsgegenstände müssen immer für die Pferde bequem sein. Niemals dürfen sie Druckathrophien und Blutseraabsackungen hervorrufen (Gewebeschwund durch Krafteinwirkung).«

Der Sattelbaum sollte gut passen und elastisch in den Bewegungen des Pferdes mitgehen. Der Sattel sollte nicht länger sein als die Sattellage des Pferdes – also vom Schulterende bis zum ersten Lendenwirbel reichen. Der Sattelbaum soll dem Skelett des Pferdes folgen. Dabei sollte die Kammer möglichst weit sein – ohne dass es, wie es bei vorgeschädigter Muskulatur leicht passiert – zum Aufliegen des Sattels kommt. Die mittlere und hintere Auflagefläche soll in ihrer Winkelung identisch sein zur Winkelung der Rippenbögen, da die Polsterung sonst kufig einwirkt.

Der Sattel sollte bei waagerechter Sitzfläche gleichmäßig und vollflächig auf dem Pferderücken aufliegen. Das Pferd ist nicht aus Marmor und kann aus seinem Sattel durchaus herauswachsen. Lassen Sie die Passform des Sattels auf jeden Fall von einer fachkundigen Person überprüfen und/oder anpassen. Wenn der Sattel auch zu Ihnen als Reiter passt, setzt er sie mittig und platziert Ihre Beine lotrecht. Er ermöglicht Ihnen, dass Ihre Beine bequem seitlich »herabfallen«. Dann erst können Sie sich und Ihr Pferd unterstützen.

Auch über den falschen Trainingsaufbau innerhalb einer Reiteinheit und über wenig effektive Trainingsperioden über Monate und Jahre hinweg, können Sie sich im Becken verkrampfen. Wenn ein Pferd zu schnell ist, zu müde und daher steif und schief, zu schwach bemuskelt oder schlecht gefüttert, nimmt es Sie nicht mehr in seine Bewegungen mit hinein.

Wenn es überfordert ist – körperlich und geistig durch zu lange Trainingseinheiten – setzt es Sie schief oder ungefällig hin.

Der Profi tut sich keinen Gefallen, wenn er im Turniersitz auf einem müden, schiefen oder ängstlichen Pferd durch die Gegend reitet.
Sie sollten selber immer eher der Losgelassenheit im Becken Aufmerksamkeit schenken, als der Einhaltung eines korrekten Sitzes, da Sie nur so ins Gleichgewicht finden.

5. Vom Suchen und Finden des Reiterkreuzes

»Kreuz anspannen« heißt, Nervengeflechte im Becken-Bauchraum zu tonisieren. Eine Flamenco-Tänzerin kennt diese Haltung oder auch der Torero beim Stierkampf. So können Sie den Wiener Walzer erst richtig tanzen und das Pferd aus dieser erhabenen Position neu beeindrucken. Sie verändern dabei Spannungsverhältnis im Muskeltonus und wirken dadurch fordernd auf das Pferd ein. Sie tun und fragen dabei mehr als durch das gefällige, weiche Einsitzen aus der freien Beckenregion. Durch das Anspannen des Kreuzes können Sie das Pferd aufmerksam machen, vorwärts treiben und versammeln. Sie können dadurch das aufmüpfige Pferd zum Gehorsam ermahnen und Phasen ausdrucksstärker reiten.

»Kreuz anspannen« ist eine entwickelte, differenzierte Reiterhilfe und nicht zu verwechseln mit Ladestock geradem Sitzen. Diese Reiterhilfe ermöglicht Ihnen eine gewisse Dominanz, da Sie durch Kreuzanspannungen mit Ihren Gewichtshilfen, Schenkelhilfen und Stimmhilfen besser durchkommen. In dieser Situation sind Sie zum Beispiel, wenn ein Pferd sich nicht durch ein

■ *Bei einem gut »gespannten« Kreuz ist diese Reiterin hinter die Schwerlinie geraten.*

■ *Durch »Kreuz anspannen« verhindert der Reiter ein Zögern oder Ausweichen des Pferdes.*

Hoftor reiten lässt oder den Parcours nicht betreten möchte, weil es Bedenken hat.

Unabhängig von der spontanen, gewollten impulsartig eingesetzten Reiterhilfe des »Kreuzanspannens« unterstützen Sie Ihr Gleichgewicht für die Beckenregion maßgeblich über einen gelösten, lockeren Bauchraum.

Sich im Bauchraum stark machen, funktioniert über bewusstes Ein- und Ausatmen in die gesamte Bauch-Becken-Region hinein. Versuchen Sie das in Ruhe und nehmen Sie sich Zeit. Auf dem Pferd, im Auto, bei den Mahlzeiten, vor einer zu bewältigenden Aufgabe. Nach und nach werden Sie mit Ihrer Körpermitte vertraut und sich frei fühlen.

Haben Sie schon einmal ein Kleinkind erlebt, das den Spielplatz nicht verlassen wollte oder sich weigerte, ins Bett zu gehen. Es musste weggetragen werden! Und wie bleischwer sind dann auf einmal diese Leichtgewichte. Diese kleine Person sammelt Energie im Bauchraum und macht sich stark. Dieselbe Kraft können Sie beim Reiten haben oder aufbauen und dosiert einsetzen.

Vor dem Kreuzanspannen steht das Auffinden der Atmung in der Bauch-Becken-Region. Vollständig sind Sie in Ihrer Wahrnehmung, wenn Ihr Atemfluss bis in den Beckenboden hineinreicht, wenn sich Ihre Lendenwirbelsäule unter Atem auffüllt und damit gut anfühlt. In Ihrem Bauch wird überall Atem sein, vorne – hinten – oben – unten und in Ihrer Mitte. Ihre Rippenbögen öffnen und schließen sich über Ihr Ein- und Ausatmen. Das Auffinden dieses Kraftfeldes in der Bauch-Becken-Region macht schon in den meisten Fällen das so genannte Kreuzanspannen überflüssig. Sie wirken passiv und dennoch eindringlich und stark auf das Pferd ein. Es möchte sich unter Ihrer kraftvollen Mittelpositur ordnen und lässt sich davon in der Regel so beeindrucken, dass es sich nicht widersetzt. Widersetzlichkeiten zeigen sich, indem das Pferd z.B. gegen die Gewichtshilfen seine Hinterhand anhebt, in der Reithalle herumbockt oder unter Ihnen wegeilt.

Singen Sie beim Reiten!

Singen Sie insbesondere Vokale: »La – Le – Lu, nur der Mann im Mond schaut zu« oder sagen Sie Aftershowparty (Aaaafterschowparty), wenn Sie dabei an etwas Schönes denken. Sie können auch ein »Muh« von sich geben, wie eine Kuh oder ein »Wau – Wau«, wie ein Hund. Sie ändern dabei jeweils die Spannungsverhältnisse in Ihrem Zwerchfell. Das ist es, was Sie brauchen: Sie benötigen die Zwerchfellmodulationen für einen Bauchraum im Gleichgewicht.

Sie können auch FFFFFFOTO sagen oder SchSchSch. Neben den Vokalen können Sie zudem über die Ausatmung gelegte Doppelkonsonanten als Zwerchfellstimulatoren wirksam einsetzen. Das Pferd mit leisem »Braaav«, »NaNaNa« oder »HmHmHm« beruhigen, verhilft Ihnen beiden zu einem entspannten Gefühl im Bauchraum, aus dem heraus Sie dann beide stark werden können.

Kreuz anspannen kann auch heißen, den vorderen Beckenrand etwas anzuheben und sich in der Beckenbodenmuskulatur etwas fest umschließend zu verhalten. Impulsartig und wiederholt. Stellen Sie sich vor, Sie säßen auf dem Rand eines großen Ölfasses. (Wir benutzen diese als Hindernisständer.) Machen Sie sich etwas schwerer im Gesäß, bei leicht gerundetem unteren Rücken. Machen Sie jetzt den Beckenboden zu. Die Tonne wird etwas nach vorne kippen. Das Pferd fühlt sich »nach vorne gedrückt«.

»Das Reiterkreuz anspannen«, hat ein eigenes Gleichgewicht. Sie wirken dabei nachdrücklich auf den Pferderücken ein und schonen dabei Ihr eigenes Kreuz nicht. Seien Sie sich dessen bewusst. Teilen Sie das Kommando »Kreuz anspannen« ein in ein »Wie oft«, »Wann gebraucht«, »Wie geht es mir dabei«, »Wie geht das Pferd damit um«!

Machen Sie Ihr Bein immer wieder lang.

■ *Rodrigo, 27 Jahre, genießt seine Freizeit.*

Lernen Sie diese Hilfe kennen! Setzen Sie sie légère ein, wie beim Schaukelanschwung nach vorne. Teilen Sie sie ein und nehmen Sie das Pferd dabei wahr.

Eine starke Mittelpositur, aus der Sie stark und frei mit sich und dem Pferd arbeiten können, setzt voraus, dass Sie ein Gefühl für Ihre beiden Hüftgelenke haben. In diesen finden Sie die Übersetzung der Bewegung in alle Richtungen.

Absichtlich erwähne ich die Hüftgelenke nicht in Kombination mit den Reiterschenkeln, obwohl sie selbstverständlich auch an der Stelle angesprochen werden können.

Stellen Sie sich einen »Torso-Reiter« vor! Im Becken weich und breit, im Bauchraum atmend und stark, im Zwerchfell singend entspannt ↔ gespannt. Körperabwärts schicken Sie diese Kräfte schienend, erdend, vortreibend und formend, zusammenstellend.

Wenn Sie dazu Ihre beiden Hüftgelenke frei machen und geschmeidig einsetzen, haben Sie das »Gaspedal« zu den enormen Kraftfeldern am Fuß. Ihre Hüftgelenke können Sie sehr gut in die Wahrnehmung zurückholen, wenn Sie mit Ihren Händen und dem inneren Auge das obere Ende des Reiterbeines in Ruhe und Bewegung erfühlen und ertasten.

Wechseln Sie dann von einer absichtlich starken Anspannung der Leistenbänder zu einer möglichst schlenkerigen, langbeinigen, entspannten Position. Tun Sie das mit und ohne Bügel. Reiten Sie ohne Sattel, gemächlich singend oder plaudernd.

Reiten Sie mit geschlossenen Augen. Reiten mit geschlossenen Augen ist vergleichbar mit Tiefseetauchen oder Weltalltourismus. Sie erschließen sich dadurch eine neue Dimension von »Welt«.

Lassen Sie das Pferd dabei führen. Reiten Sie mit und ohne Bügel. Erspüren und finden Sie Ihre starke Mittelpositur und die immer mehr werdende Losgelassenheit der Hüftgelenke. Lassen Sie die vielseitigen Rollbewegungen zu, die Ihr Pferd in allen Gangarten und insbesondere im vieldimensionalen Schritt in Ihre Hüftgelenkspfannen abgibt und über Ihre Gesäßknochen aufwärts schickt. Genießen Sie den schwingenden Gang Ihres Pferdes, von dem Sie auch zu Fuß profitieren und lernen wollen.

Reiten Sie »Fairplay« mit dem Pferd. Erlauben Sie ihm, weder mit »verhungerter« Hinterhand, noch überspannt und fest aus der Kruppe und den Hinterbacken heraus zu laufen. Halten Sie den Wechsel zwischen Anspannung und Entspannung ein, sowohl beim Reiten als auch in der Haltung des Pferdes. Füttern Sie den Muskel mit Hafer (Kraftfutter etc.), jedoch auch den heilen Bauch mit Heu, Heulage etc.

Füttern Sie die Pferdepsyche über netten Umgang in sparsam ruhigem Ton, über angenehmes Wohnen mit netten Freunden und den Wechsel zwischen Aufgabe und Arbeitseinheit mit angemessen spannender/entspannter Freizeit.

Nehmen Sie die Hüftgelenke in Ihre Wahrnehmung auf. Stehen die Hufe gut darunter? Kann das Pferd sich vom Huf aus tragen? Bieten Sie dem Pferd immer wieder wechselnde Böden, über die es treten muss, in der Freizeit und beim Reiten an? Sie härten damit den Huf ab und trainieren das Gleichgewicht bei unterschiedlichen Raumvorgaben. Damit sind Sie und Ihr Pferd nicht nur für die Reiteinheit besser gerüstet, sondern auch optimaler vorbereitet auf einen Reitkurs oder ein Reitturnier in anderer Umgebung. Lernen Sie, in die großen Gelenke der Hinterhand hineinzudenken. Egal, ob Sie ein Freizeit- oder ein Sportreiter sind, ein Kind oder ein Senior im Sattel! Sie wollen den heilen »Motor« des Pferdes unter Ihrem Gesäß spüren: aktiv im Antritt und bereit, Sie zu tragen.

»Fairplay« dem Pferd gegenüber zu üben heißt auch, das »Kraftfeld Bauchraum« immer mit freundlicher Aufmerksamkeit wahrzunehmen und zu belassen. Gestresste, eingezogene Pferdeleiber und Hektik in flacher Atmung machen die Pferde krank und schwächen das Hinhalten des Pferderückens für ein Aufwölben zum Reiter.

Erreichen Sie beim Pferd einen berührbaren, spürbaren, starken und entspannten Bauchraum. »Seien Sie also Buddha zu Pferde.«

Werden Sie kompetent, bewusst und beweglich im Einsatz der Kreuzeinwirkung beim Reiten, indem Sie

■ sich mit der Anatomie der Mittelpositur vertraut machen – mit der geringfügig individuellen Beweglichkeit aller einzeln verbundenen Beckenknochen.

■ den Beckenboden trainieren durch Verschieben der Gesäßknochen zueinander – auseinander durch Aufmerksamkeit und Atmung.

■ den Beckenboden über Anspannen und Entspannen öffnen und schließen (kippen einer Tonne).

- aus dem Sitz den Bauchraum über Betrachtung der Atmung entspannen.

- sich im Bauchraum durch singen, brummeln und ausatmen stark machen.

- Ihre Hüftgelenke mit den Händen und Ihrem inneren Auge ertasten.

- mit geschlossenen Augen reiten.

- das Pferd in seiner Befindlichkeit in der Region Becken – Bauchraum – Hüftgelenke wahrnehmen.

- sich eingestehen, dass der sich beim Pferd aufwölbende Rücken und der Einsatz des Reiterkreuzes keine Gewaltmaßnahme darstellen, sondern eine vom Kraftfeld Becken-Boden-Raum aus aktiv inszenierte Möglichkeit ist, mehr Schwung beim Pferd zu entfalten und besser auszusehen.

6. Vom Suchen und Finden der Hals-Nacken-Linie

In unserem Kulturkreis ist die große Bedeutung der freien Hals-Nacken-Linie für ein Suchen, Finden und Bestimmen von Gleichgewicht eher verloren gegangen. Leistungsdruck, Stress und die Angst zu versagen, sitzen uns im Nacken. Sich ruhig zu halten und gerade zu sein – dieses Ideal versuchen viele Menschen über eine steife Hals-Nacken-Linie einzurichten. Sie bewirken damit das Gegenteil. Der steife Hals lässt Unruhebewegungen an seinen beiden Enden

Hier trägt Melina den Hals schön lang mit einem freien Kopf.

entstehen. Sie reagieren dadurch entweder sowohl mit einem »Wackelkopf« als auch in der Wirbelsäule versteift oder überbeweglich. Oder als Spiegel des Halses in den Hüftgelenken festgestellt.

Jedes schwingende Gangbild wird durch eine freie Halswirbelsäule unterstützt. Wenn Sie im Hals-Nackenbereich gelöst sind, können Sie der Schwerkraft erlauben, im Ordnen der Knochen wirksam zu werden. Gleichzeitig haben Sie das Geheimnis entdeckt, wie der aufrechte Gang möglich wird.

Über dem Hals können Sie die Fliehkräfte für eine natürliche Aufrichtung wirksam unterstützen. Eine natürliche Aufrichtung ist dabei auf der Grundlage der individuellen Gewohnheiten und Möglichkeiten eines Menschen relativ. Relativ ebenfalls zum Vorhaben. Sie brauchen beispielsweise beim Blick über die Schulter im Auto (in den toten Winkel hinein) weniger Aufrichtung als wenn Sie im Tanz gerade Pirouetten auf Zehenspitzen drehen. Genau genommen ist die Pirouette schon das Beispiel für maximale Aufrichtung. Das Loslassen der Halswirbelsäule zu einer nicht überzogenen, natürlichen Verkettung einzelner Wirbel zueinander – aufeinander, ist dabei nicht nur relativ, sondern auch immer graduell einzuleiten. Nach und nach, aufeinander aufbauend oder zueinander einrollend. So können Sie lernen, sich über die Halswirbelsäule einzurichten.

Der Reiter bekommt viele Anleitungen und Anweisungen für den Rücken. »Gerade sitzen«, »Kreuz anspannen«, »lang, flächig, weit werden«! Die Bedeutung, die dem freien Hals-Nackenbereich für einen gut mitschwingenden Rücken zukommt, wird dabei nicht erkannt oder erwähnt.

Der Rücken ist nur die Brücke für die Bewegung. Hals und Hintern sind die Schaltstellen. Im Halsbereich dürfen Sie sich immer natürlich ausrichten, d.h. anatomisch günstig. Wenn Sie sich im Hals schief einstellen, dann wenigstens genauso oft nach der anderen Seite schief. Schauen Sie über sich, hinter sich und dem Bauchnabel entlang abwärts zum Erdmittelpunkt hin.

Eine gut funktionierende Hilfe für die Halsregion ist, sich eine warme Hand im Nacken vorzustellen, die Sie massiert, oder an die Sie sich anlehnen können.

Während Sie die angenehme Berührung im Nacken spüren, können Sie den Kopf ausgie-

■ *Wir können die Pferde im Hals führen und dort auch spiegeln.*

big rollen oder kreisen lassen. Sie können den Kopf ruhig neigen und dabei den Abstand von einem Ohr zur jeweiligen Schulter verändern. Sie können den Kopf über den Hals nach rechts und links verschieben, wie eine Bauchtänzerin oder Tempeltänzerin. Oder Sie bewegen den Kopf vor und zurück, wie ein Huhn, das Körner pickt. Tatsächlich ist der frei bewegliche Hals ein Überbleibsel aus der Zeit des Vierfüßlers, der sich während der Nahrungsaufnahme Schritt für Schritt fortbewegte. Sie dürfen den Hals fallen lassen. Sowohl nach vorne – dabei Kinn zum Brustbein führen – als wollten Sie ein Nickerchen machen. Und auch nach hinten – dabei den Kopf in den Nacken legen – um die Sternbilder zu identifizieren.

1. Der Hals des Reiters ist also entweder vom Becken über die Wirbelsäule angestoßen sowie natürlich weitschwingend anzusehen. Sie brauchen ihn daher nicht festzustellen, sondern sich »nur« einzulassen. Dieses Einlassen unterstützen Sie über gute Laune/positive Einstellung und umgebungsorientiertes freies Umherschauen.

2. Sie können das Pferd über den Hals auch führen. Das geht über das Bestimmen der Richtung. Sie können den Hals lang machen, wie eine Giraffe, die rechts ein Blatt vom Baum herunterzupft oder ein Stück weiter links. Der Hals verlängert sich dabei spiralenförmig und in Richtung des Vorhabens. Das Gesäß stößt Rücken und Hals an und bestimmt die natürlich gehaltene Wirbelsäule und umgekehrt: Hals richtet Rücken (Wirbelsäule) und Gesäß aus. Im Rücken

Aus dem Hals heraus können Sie die Körperspannung aufbauen und erhöhen.

dürfen Sie entspannen und im Hals können Sie lernen. Der Hals bestimmt Rücken und Gesäß und umgekehrt das Gesäß bestimmt Rücken und Hals. Der Hals hat also eine übergeordnete Funktion, die Sie bedienen können, um den Rücken in das neue Gleichgewicht mitzunehmen. Dosieren Sie dabei allmählich graduell und angemessen an Richtung und Vorhaben.

3. Aus dem Hals heraus können Sie auch die Körperspannung aufbauen und erhöhen. Lang den Hals – lang, lang und lang. Jedoch nicht strecken, sondern ausrichten. Wirbel für Wirbel lang und wie eine Spiralfeder auseinander ziehend. Denken Sie dabei entweder vom Kopf aus – d.h. hoch hinaus – oder vom Hals aus – d.h. länger werdend. Beziehen Sie die Gleitstelle am Genick – vom Hals aus und vom Kopf aus – mit ein.
Stellen Sie sich vor, Ihr Hals würde der Linie einer flach liegenden Ziffer Acht folgen. Oder von Ihnen bewegt wie eine Kobra, die aus ihrem Korb hochkommt. Über den Wir-

bel für Wirbel ausgerichteten frei beweglichen Hals holen Sie das Kraftfeld aus der Körpermitte ab und nutzen es zur Aufrichtung. Den Rücken nehmen Sie über das Pendeln der Wirbelsäule einfach mit.

Alles Veranlassen und Unterstützen von Gleichgewicht kommt aus dem von Ihnen veranlassten, länger werdenden, freien Hals. Hier handelt es sich um eine weitere, sehr effektive Version des »Kreuzanspannens«. Über das Längerwerden aus dem Hals heraus, erreichen Sie ein »Leichterwerden« zur Unterstützung einer ausdrucksstarken Bewegung.

Im Längerwerden sind Halswirbel für Halswirbel und Rückenwirbel für Rückenwirbel in Abfolge. Sie senken sich automatisch im Schwerpunkt ab.

Die Fliehkräfte für Leichtigkeit wirken Hand in Hand mit dem Kraftfeld Körpermitte. Dort, wo Sie sich auf den Zug der Schwerkraft einlassen. Ein weiterer Effekt für das Längen aus dem Hals heraus liegt darin, dass Sie die Sitzbeine lotrecht anstellen und in alle Richtungen verschieben oder einsetzen können.

Der Hals des Reiters ist das Vorbild für die gute Haltung, die jeder beim Pferd erkennt und sich herzuleiten wünscht. Die verschiebbare, Wirbel für Wirbel abrufbare

Das für Dressur und Springen gezüchtete Sportpferd sollte mit einem gut geformten Hals ausgestattet sein.

Halswirbelsäule gehört zur Körperfunktion beim belastbar schwingenden Gehen oder zum Heben und Tragen. Sie drückt zudem Aufmerksamkeit und Achtsamkeit aus.

4. Pferd und Reiter halten sich gegenseitig einen Spiegel vor. (Das geschieht auch zwischen Eltern und Kindern oder Hunden und Hundehaltern.) Beim Zugpferd wird sowohl vor dem schweren Pflug beim Holzrücken als auch in leichtem Gespann über den Einsatz der Unterhalsmuskulatur gearbeitet. Dasselbe gilt für viele Formen des Gebrauchsreitens, wenn es darum geht, gleichsam auf vielen geschickten Beinen von A nach B zu kommen, wie Dschingis Khan mit seinem Reiterheer oder auch der Distanzreiter von heute.

Das Sportpferd, gezüchtet für die Sparten Dressur und Springen, ist schon im »Design« mit einem ideal bemuskelten, zumindest sehr gut geformten Hals ausgestattet. Ein solcher Hals kommt frei und sich aufwölbend aus dem Widerrist heraus und findet im Genick einen hohen Punkt.

Der Unterhals am Kehlgang ist in der Muskulatur so frei, dass Sie Mähnenkamm und Kehlgang mit den Händen gegeneinander in eine Schaukelbewegung versetzen können. Das Pferd kann die Stirnlinie mühelos senkrecht halten, und die Maulspalte befindet sich etwa in Höhe der Hüfte. Auch die Halswirbelsäule des Pferdes überprüfe ich mit mehreren »manuellen Abfragen«:

■ *Das junge Pferd wird beim Aufsitzen im Zügel lang eingestellt und von einem Helfer gesichert.*

a) Mit langer Nase weit nach vorne schauen, sich gewissermaßen frei machen können über dem Zügel.

b) Den Hals reflexartig mittig und tief fallen lassen können, dabei einmal in Streckung zum Boden wie beim Wasser trinken oder Grasen sowie eingerollt zur Arbeitshaltung.

c) Ich überprüfe die Biegefähigkeit des Pferdes zur Seite nach rechts und links. Dabei braucht es/soll es sich nicht im Genick zu verwerfen und empfindet dabei auch keine Vorbehalte oder Schmerzen.

d) Ich überprüfe, ob mir das Pferd beim Längen seines Halses oder beim Längen der Schweifrübe seine Aufmerksamkeit und seine Koordination für seine Wirbelsäule erkennbar macht.
Es handelt sich um einen Eindruck, um sichtbar gemachten Atem in der Region, um lebendige Anatomie. Ich gehe mit diesem Rücken dann einfach nur gut um. Ich berüh-

re ihn freundlich, putze dort angemessen sanft. Mein Sattel, meine Satteldecke stören das Pferd beim Reiten nicht, sie unterstützen eher. Mein Aufsitzen ist körperfreundlich schonend. Dann nehme ich die Zügel auf, womit wir wieder bei der Achtsamkeit für die Halswirbelsäule angekommen sind. In der Vorbildfunktion und als Spiegel Pferd ↔ Reiter vice versa schauen Sie dann selber über sich, hinter sich und rollen danach langsam den eigenen Kopf.

Dosiert und vorsichtig nehmen Sie allmählich nacheinander beide Zügel auf. Vermeiden Sie Unruhe, Hektik und Strafe sowie unkontrollierte Hand-Arm-Bewegungen. Mit der Zeit und etwas Übung werden Sie dabei auch schneller. Ihr Ziel: Über Aufmerksamkeit, Anwendung und Berührung sollten Sie das Pferd jederzeit in der gesamten Halswirbelsäule Wirbel für Wirbel einstellen können. Der aktive Part ist der Reiter, der passive das Pferd. Messen Sie dabei der Achtsamkeit im Umgang mit Ihrem und dem Hals Ihres Pferdes die größte Bedeutung zu. Das beginnt bereits beim Führen und Anbinden und geht beim Gebrauch von Hilfszügeln weiter, wollen Sie sich doch immer den Hals des Pferdes spürbar halten und erreichen, dass das Pferd seine Halswirbelsäule selbstverständlich und bequem als Anlasser vor den »Motor« der Hinterhand setzt.
Die Reizleitung über den Rücken bietet es gerne als Beigabe mit an.

Sich kompetent, bewusst und beweglich in der Halswirbelsäule einrichten heißt: »Kobra« oder »Giraffe« sein.

■ Schützen Sie Ihren Hals nicht über Halsstarrigkeit, sondern mit der Vision einer angenehmen Hand im Nacken, die Sie massiert oder an die Sie sich anlehnen.

■ *Üben Sie für sich den achtsamen Umgang mit Halswirbelsäule und Wirbelsäule Ihres Pferdes.*

■ Die Kraft im Hals für ein energieaufbauendes Kreuzanspannen kommt über ein Längen. Das Längen will ich hier nicht als Strecken verstanden wissen, sondern als graduelle Aufrichtung, in der Sie sich spiralenförmig aufwärts denken oder wie eine Kobra aus dem Korb in der Version der liegenden Acht nach oben schlängeln.

Becken stößt Wirbelsäule an; Wirbelsäule stößt Halswirbelsäule an; Halswirbelsäule stößt den Kopf an. Halten Sie sich in der Halswirbelsäule bereit, Bewegungsanstöße zu empfangen und durchzulassen.

■ Nehmen Sie vorbereitend Bewegungen auf wie ein Rollen oder Neigen des Kopfes. Gehen Sie dabei gut und sanft mit sich um. Anwendungen im Hals-Nackenbereich sollten immer ein angenehmes, erstarkendes Gefühl vermitteln.

■ Üben Sie das Einstellen des Halses bei sich selber. Nehmen Sie sich die Bewegungselemente aus dem Bauchtanz oder Tempeltanz vor, bei denen der Hals in Aufrichtung und Richtung die Wirbelsäule und das Becken führt und mitnimmt.

■ Üben Sie über aufmerksame Wiederholung die Wahrnehmung und den achtsamen Umgang mit der Halswirbelsäule und der Wirbelsäule des Pferdes ein. Schulen Sie dabei insbesondere Ihre Hände und Ihr Gesäß. Stellen Sie sich mit Respekt und Grundruhe auf die Macht und Wirksamkeit des Halses bei Pferd und Reiter ein.

■ Übertragen Sie die Anwendungen für den erstarkten freien Hals auf Ihr Sitzen, Gehen, Stehen, Musizieren etc. und auf den Umgang mit jedem Pferd.

7. Vom Suchen und Finden des Kopfes

Es steht fest – der Kopf wiegt schwer. Wenn Sie ihn als Reiter nicht bewusst ausbalancieren, ist er ein Störfaktor, den Sie im Gepäcknetz ansonsten wohldurchdachter Sitzarten haben. Zusätzlich bekommt Ihr Pferd eine Gewichtshilfe von mehreren Kilos, die es einordnen oder kompensieren muss.
Wenn Sie aus dem Bauch/Beckenraum reiten wie ein »Buddha zu Pferde« und Ihren Schwerpunkt und Ihre Wirbelsäule aus dem freien Hals-Nackenbereich heraus führen, haben Sie das zentral Wertvollste für ein Reiten im Gleichgewicht für sich getan.
Sie können Ihren Kopf gleichsam »absetzen und hinter sich herbaumeln lassen« und werden dabei wirksam beim Reiten und eins mit dem Pferd. Ist Ihr Kopf vollgestopft mit Irrtümern und Fehlmeldungen, oder haben Sie sich angewöhnt, Ihren Kopf beim Reiten zuzumachen? Oder halten Sie Ihren Kopf für wichtiger als den Gebrauch des Körpers beim Reiten? Dann haben Sie allerdings die Wege zum Gleichgewicht ganz schön mit Stolpersteinen gepflastert. Es ist vor allem wichtig, die großen Linien im Körper ins Gleichgewicht zu ordnen. Dennoch kann man mit einem starr oder schief eingestellten Kopf die schwingende Bewegung unverhältnismäßig beeinträchtigen.

■ *Balancieren Sie Ihren Kopf mittig aus, als ob Sie eine Halskrause tragen würden.*

1. Wenn der Reiter den Kopf intelligent einsetzen möchte, kann er ihn auf der Gleitstelle am Genick (dem Occipitalgelenk) mittig ausbalancieren. Stellen Sie sich vor, Sie hätten eine Halskrause um, einen großen Kragen, wie der Pantomimenclown ihn trägt. Halten Sie Ihr Kinn aus aufrecht sitzender Position etwa parallel zu diesem Kragen. Bemalen Sie diese Halskrause mit den Ziffern eines Ziffernblattes, damit Sie sich orientieren können. Führen Sie dann das Kinn so weit es geht zu den Ziffern hin. Verfahren Sie danach genauso mit einem gedachten Punkt am Hinterkopf. Beschreiben Sie mit dem Kinn und dem Hinterkopf gleichzeitig eine »liegende Acht«. Assoziieren Sie dabei eher eine Vibration als eine Bewegung. Zwei aufeinander gerichtete Fingerspitzen über den Ohrknorpeln lassen Sie diesen Gleitpunkt im Genick erahnen. Denken Sie sich diesen immer fließend und glatt.

2. Hatten Sie schon einmal eine Marionette? Stellen Sie sich vor, Sie wären eine. Über Ihren Ohren, oben auf Ihrem Kopf ist der Ansatzpunkt für den Marionettenfaden. Fühlen Sie sich dort gehalten. Lassen Sie sich in Ihrer Leichtigkeit von einem »kosmischen Gehaltensein« unterstützen. Die Marionette mag Ihnen zappelig vorkommen. Doch ein durch die Bewegung über dem Gleitpunkt auspendelnder Kopf ist angestoßen wie eine Billardkugel auf dem Queue.
Vom anderen Ende aus kann bei der Marionette vom Oberkopf aus alle Bewegung darunter »geschlenkert« werden. Mit dem Versuch, den Kopf ruhig zu halten, schaden Sie diesen »Initiatoren«.

Wenn Sie den Kopf auspendeln lassen (Billardkugel) oder aushängen lassen aus dem Gehaltensein der Marionette, haben Sie wertvolle Unterstützung beim Einrichten der gleichgewichtsorientierten, aufrechten Position beim Gehen, Stehen und beim Reiten.

3. Sie können den Kopf aufmachen, indem Sie sich vorstellen, dass Ihr Schädel nicht wie ein einziger »behauener Klotz« auf Ihrem Hals sitzt, sondern einzelne Schädelpartien miteinander fusioniert haben. Es gibt also innerhalb der einzelnen Schädelpartien Spannungsverhältnisse, die es Ihnen möglich machen, sich eng oder frei darin einzurichten. Während Sie sich die Haare sanft bürsten (lassen) oder den Schädel angenehm massieren (lassen) oder die Haare waschen (lassen), können Sie den Unterschied zwischen verengtem Schädelraum und der angenehmen Erfahrung des Aufmachens spüren.
Wenn Sie diese Erfahrung dann auf den Umgang mit Ihrem Pferd übertragen, können Sie sich achtsam und gelassen einstellen beim Putzen des Kopfes, beim Auftrensen und auch beim Abtrensen. Man muss dabei auf das Pferd warten können.

4. Die Ohren beim Pferd wollen wir locker, beweglich, berührbar. Dann wissen wir: Alles ist in Ordnung. Wenn das Pferd beim Reiten ein Ohr zu uns hindreht, dann wissen wir: »Es ist bei uns.« Wenn es das andere Ohr in den Weg »reinhält«, dann wissen wir: »Es ist bei der Sache, auf seinem Weg.« Wenn es beide Ohren deutlich spitzt, ist es abgelenkt, und diese Haltung fühlt sich für den Reiter dann unangenehm an. Wenn es beide Ohren flach nach hinten anlegt, fühlt es sich gestört, blockiert und verhält sich widersetzlich.

Was macht der Reiter mit seinen Ohren? Müssen wir Ihnen buchstäblich die Ohren lang ziehen, damit Sie vom Hören zum Horchen kommen? Probieren Sie es aus: Ziehen Sie sich sanft, ganz allmählich eingeleitet, die Ohren lang. Machen Sie daraus eine für Sie selbst angenehme und erweiternde Berührungs- und Bewegungserfahrung. Fließt Ihr Atem jetzt spürbar tiefer? Können Sie sich besser aufrichten? Ob Ihr Pferd wohl einen Reiter haben möchte, der seine Ohren »flach anlegt oder extrem ausfährt«?
Und wie der Reitlehrer erst entspannt, wenn sein Reitschüler vom Hören zum Horchen kommt, wenn er in den bearbeitenden Raum hinein den »Klang des Weges« mitbekommt oder zum Pferd hin den »Klang seiner Bewegung«. Wenn der Hinweis des Reitlehrers bei seinem Schüler wirklich ankommt.
Anatomisch gesehen können wir über die Ohren sowohl zum emotionalen Gedächtnis als auch zum Gleichgewichtssinn einen Zugang finden. Aus diesem Wissen heraus lohnt es sich, die Ohren warm, berührbar und beweglich zu halten.

5. Die Nase! Reiter und Pferd haben leicht die »Nase voll«. Das kann durchaus wörtlich genommen werden, denn im Umfeld der Pferde befindet sich Heu und Stroh, Staub und Mist. Das Thema Pferdehaltung spielt auch, wenn es um das Gleichgewicht geht, eine wichtige Rolle.

Das Auge des Pferdes soll groß, feucht und klar sein ...

Ein flacher Atem erreicht die Nase nicht genügend und eine verstopft gehaltene Nase verflacht den Atem. »Ich kann Dich nicht mehr riechen!« Das kann das Ziel zwischen Pferd und Reiter nicht sein, weder emotional noch organisch. Öffnen Sie die Nase, indem Sie den Atemfluss zulassen und vertiefen. Inhalieren Sie, entweder Wasserdampf oder aufgebrühte Kräutermischungen Ihrer Wahl (die in der Apotheke erhältlich sind).

Halten Sie die Nase berührbar! Auch beim Pferd! Und spürbar! Binden Sie dem Pferd die Nase beim Reiten nicht so fest zu. Es soll Sie weiter »riechen können« und Sie brauchen für das Training und zur Gesunderhaltung seinen freien Atemfluss.

6. Die Augen! Die Augen sind der Spiegel der Seele. In ihnen zeigt sich, ob der Boden trägt, die Richtung klar ist, Aufmerksamkeit, Leichtigkeit und Freude zur Verfügung stehen. Insofern ist das freie Auge auch immer ein Gleichgewichtsmerkmal. Sie können am Auge sehen, ob Sie Lernfortschritt erreichen können (Langzeit-Zielorientierung) oder erreicht haben (Kurzzeit-Zielüberprüfung). Der Turnierrichter und Tierarzt Dr. Christian Schacht sagte in einem Vortrag: »Das Auge des Pferdes soll sein wie ein Männerfuß! Groß, dunkel und feucht!« Egal, wie man zu einem Männerfuß stehen mag, kann man sich diesen Vergleich gut merken. Das Auge eines Menschen, der sich sowohl innerlich als auch äußerlich im Gleichgewicht befindet, strahlt. Es hat etwas Offenes und Klares – auch etwas Eindringliches und Belastbares. Einen solchen Augenausdruck sollte jeder Reiter erzielen wollen.

Im Training nutzt der Reiter so genannte »Blickhorizonte« – nach oben, in die Weite und ringsherum. Geritten wird an einem

Der Blick des Reiters schweift frei umher, das Ohrenspiel des Pferdes ist auf den Reiter gerichtet.

Ort, an dem der Reiter angstfrei lernen kann, da bei ihm sonst schnell ein »Tunnelblick« einsetzt, der ihm als einzigen Lösungsweg den Fluchtweg aufzeigt. Oft liegen Konzentration und die Angst vor dem Fehler, die Angst zu versagen, dicht beieinander. Eigentlich gehören aber Sammlung und Gleichgewicht zusammen. Gleichgewicht verlangt den freien Körper, um auf einen abgerufenen Vorgang reagieren zu können. Das freie Auge ist ebenfalls der Spiegel des freien Körpers. Suchen Sie sich Blickhorizonte, d.h. lassen Sie Ihren Blick ruhig schweifen. Behalten Sie dabei das Wesentliche im Auge. Entspannen Sie die Augenmuskulatur, indem Sie in Ihrer Vorstellung den Bewegungen eines herabschwebenden Federchens folgen. Bewegen Sie dabei nur die Augen. Legen Sie den Versuch, dem Federchen mit den Augen zu folgen, immer wieder neu an. Üben Sie nur wenige Minuten, wenn Sie es nicht gewohnt sind, die Augenmuskulatur zu beeinflussen. Tatsächlich stecken viele Trauma-, Traurigkeits- oder Müdigkeitsmerkmale in den Augen fest. Sie können dort nicht nur erkannt werden, sondern auch mit Augentraining bearbeitet. Vor allem Lernen muss man jedoch den Ist-Zustand wahrnehmen wollen und können.

Kursteilnehmer fragen mich immer wieder, wie sie an den Augen ihres Pferdes erkennen können, dass es traurig, resigniert, müde oder aggressiv ist. Einen Augenausdruck mit dem Gemütszustand des Pferdes in Verbin-

Das Pferd zeigt ein freies Bewegungsbild mit Übersetzung im frei getragenen Kopf und freiem Mundraum.

dung zu bringen, setzt nicht nur Übung, sondern auch biologische Kenntnisse voraus.
Die bessere Voraussetzung ist, wenn Sie zu Ihrem Pferd so eine Nähe aufbauen, dass Sie von seiner Stimmung oder seinem seelischem Zustand innerlich »berührt« werden. Wenn Sie spüren, wie es ihm geht und wie es Ihnen selbst geht.
Viele Pferde haben einen Augenausdruck, der mit dem eines Krokodils vergleichbar ist: groß aufgerissen, starr, glasig, glashart. Neulich habe ich im Fernsehen ein Krokodil mit Familienanschluss gesehen. Gelegentlich stieg es bei seinen Besitzern mit ins Bett, es ließ sich streicheln und nahm Anteil am Familienleben. Und siehe da, es hatte einen freundlichen Augenausdruck. Wenn sogar das Krokodil »gute Bedingungen für die Seele« mit einem positiv veränderten Augenausdruck quittiert, sollte das ein Maßstab für den Umgang mit dem Pferd sein. Weg von Starre, Resignation, Traurigkeit, Müdigkeit hin zu einem Strahlen, einer Klarheit.

Augen sind nicht nur ein Spiegel der Seele. Augen haben mit dem Weg, den wir gehen, zu tun. Sie reagieren auf die Klarheit des Körpers oder führen Bewegungsabläufe an.

7. Ein freier Kopf, ein freier Mundraum und ein freies Bewegungsbild hängen eng miteinander zusammen. Deswegen möchten wir ein Pferd am Zügel reiten, das gelöst auf dem Gebiss kaut und dabei speichelt, und nicht einfach nur ein vorne krumm eingerolltes und zusammengezogenes Pferd.
Ein kraftvoller Mund beinhaltet ein Gefühl für die Zunge. Sie liegt frei und breit an oder kann ruhig und stark im gesamten Mundraum hin- und herbewegt werden. Sie können am Bewegungsgefühl für die Zunge arbeiten, indem Sie mit der Zunge die Lippen innen und außen ablecken oder die Zunge abwechselnd einrollen und dann versuchen, Ihre Nasenspitze zu berühren. Vielleicht schaffen Sie es nicht, die Nasenspitze zu berühren, aber mit Sicherheit haben Sie Ihre Aufrichtung und ein Ausbalancieren des Kopfes verbessert.
Halten Sie zusätzlich Ihre Zähne leicht zueinander/aufeinander oder etwas auseinan-

Das Ohrenspiel des Pferdes geht zum Reiter hin und ist auch auf den Weg gerichtet.

der. Wenn Sie eher dazu neigen, die Zähne zusammenzubeißen oder mit ihnen zu knirschen, dann verfestigen Sie sich in der Hals-Nackenlinie und wirken insgesamt verbissen und steif auf das Pferd ein. Ein Lächeln und bereits ein Schmunzeln verhelfen Ihnen beim Reiten und im Leben, den kraftvollen bewegungsunterstützenden Mundraum zu finden. Auch das Pferd kann die Balance für den Kopf und damit die gesamte optimale Bewegungsqualität nur finden, wenn Sie sein Maul in Ordnung halten. Zu einer kleinen Maulspalte richte ich ein dünnes Gebiss ein. Ich achte darauf, dass die Gebissbreite nicht schmaler ist als die Breite des Maules. Zudem achte ich auf Auffälligkeiten an den Zähnen, wie lange Haken, Wolfszähne oder Fehlstellungen. Das Pferd kann naturgemäß nicht entspannt und/oder ausdrucksvoll laufen und gleichzeitig seine Zahnschmerzen ausblenden.
Bei der Tendenz, die heute zu erkennen ist, drei- bis fünfjährigen Pferden recht schwierige Jungpferdeprüfungen abzunehmen, ist besonders darauf zu achten, wie weit das Pferd jeweils in seiner Zahnreife beim Zahnwechsel ist. Nehmen Sie darauf Rücksicht. Reiten Sie, wenn es sein muss, eben eine Zeit lang gebisslos oder mit minimalen Zügelhilfen. Wir trainieren nie nur für ein Heute, sondern immer auch für ein Morgen.

8. Tatsächlich fängt schlechter Reitunterricht da an, wo schon auf der Stallgasse die Rittigkeit und das Leistungsvermögen eines Pferdes schlechtgeredet wird. Auch die »halbbelesenen« und »halberfahrenen« »Einzelteil-Diagnostiker« reden das Potential eines Pferdes oftmals kaputt: »Der ist ja viel zu klein, zu groß, zu klotzig; der kann bestimmt nicht springen!«

Ein Siegerpferd ist kein bestimmter Typ. Man muss viel Erfahrung gesammelt haben, auf vielen verschiedenen Pferden geritten sein, um ihr Potential wirklich einschätzen zu können. Haben Sie diese Erfahrung bisher nicht machen können, sollten Sie alle Einschätzungen und Wertungen nur unter Vorbehalt treffen.
Formulieren Sie dabei am besten eine Wertung zu einer Frage um. Warum hat das Pferd solch ein großes oder kein Potenzial? Kein Pferd steht nachts im Stall und überlegt, wie es Sie am nächsten Tag am besten austricksen kann, indem es nicht springt oder übereilt am Hindernis vorbeiläuft. Oder indem es beim Dressurreiten hölzern läuft oder hart im Maul ist.

Unsere Gedanken bereiten die Bewegungen unseres Körpers vor. Sowohl die Ausführung der Bewegung als auch deren weiteren Verlauf. Man kann einem Menschen ansehen, ob er sich geistig mit einer Bewegungssequenz beschäftigt.
Die gute Nachricht ist, dass im Laufe von Monaten und Jahren immer wiederkehrende Vorgänge und Einstellungen aus dem Unterbewusstsein abgerufen werden können. Das funktioniert genauso automatisch wie das Kuppeln und Schalten beim Autofahren, wenn man genügend Fahrpraxis hat. Aus einem darüber Nachdenken wird eine selbstverständliche Bewegung. Aus einer Haltung eine Lebenshaltung.

■ *In welche Richtung reiten Sie, in welcher Gangart und über welches Hindernis?*

Denken Sie sich in eine Bewegung oder Körperhaltung in Einzelteilen – z.B. nur in den Kopf – oder im Ganzen – z.B. in die gesamte Sitzposition – ein. Lassen Sie vor Ihrem geistigen Auge ein Videoband von sich selbst ablaufen. Setzen Sie diesen Film fort: In welche Richtung wollen Sie reiten, in welcher Gangart, über welches Hindernis? Denken Sie sich in Ihren Film hinein. Möchten Sie den Ausdruck des Pferdes erhöhen? Oder soll Ihr Pferd sich lieber bummelig, locker zurechtlaufen? Denken Sie sich ein gutwilliges, interessiertes, rittiges und gelassenes Pferd, mit Ihnen als einem sportlich eingestellten, gelassenen Reiter darauf. Nehmen Sie diese inneren Bilder mit in Ihre Trainingseinheit. Beobachten Sie dabei sich und Ihr Pferd. Wie viele Merkmale passen zu den vorgelegten Gedanken? Verstärken Sie diese Merkmale über Loben oder Zustimmen.

Wenn das junge Pferd antrabt, obwohl oder weil Sie an vorwärtstreibende Hilfen gedacht und sie eingesetzt haben, können Sie freundlich »Ja« sagen. Genauso kann das entwickelte, weit ausgebildete Pferd über den klaren Gedanken und die Stimmung unterstützt werden, wenn es z.B. den fliegenden Wechsel schon vorausnimmt, obwohl Sie meinten, den Vorsatz, den Wechsel zu reiten, noch gar nicht gefasst zu haben. Tatsächlich müssen Sie sich bei manchen Pferden, obwohl Sie Ihr Training planen und vorausschauend reiten, punktgenau in den nächsten konzentrierten Schritt hineindenken.

Kompetent, bewusst und beweglich. Gleichgewicht für die Kopfhaltung und über den Kopf einrichten heißt:

■ Wie ein Chamäleon zu reagieren. Lange ruhig und dann spontan wirksam.

■ Sinnbildlich den Kopf unter den Arm nehmen, um die Mittelpositur und die Beine ungestört zu ordnen.

■ Sich der Gleitstelle im Genick gewahr werden, aus der heraus Sie den Kopf balancieren können wie einen Jonglierteller auf einem Jonglierstäbchen.

■ Sich fühlen wie eine Marionette. Am Oberkopf über den Ohren ist der Marionettenfaden befestigt, an dem Sie Ihren Kopf leicht und aufgehängt halten.

■ Den Kopf aufmachen mit allen Sinnen – Ohren, die horchen, statt hören, Augen, die schauen, statt sehen und einem lächelnden Mund.

■ Den Pferdekopf über Zuspruch und Zuwendung entspannen sowie über Haltung und Pflege, z.B. Zahnpflege.

■ Bewegungsvorgaben denken und eine Übertragung – einen Videofilm – abspielen. Gedanken sind Mächte. Sie bereiten Bewegung und Handlung vor.

8. Vom Suchen und Finden des Schultergürtels, der Arme und Hände

Bettina Eistel ist die Siegerin der Paralympics 2004 in Athen. Sie ist contergangeschädigt und hat keine Arme: Ihre Beine ersetzen ihre Arme. Sie hat durch die vielen Erfolge, die sie mit ihrem Pferd Aaron hatte, immer wieder bewiesen, dass man auch ohne Arme gut reiten kann. Dabei siegt sie nicht etwa auf einem Pony, sondern auf einem hochkarätigen, schwungvollen deutschen Warmblüter. Ich selber bringe sowohl den Reitern in den Kursen als auch den Kindern im Ponyclub das zügelunabhängige Reiten bei. Reiten mit Halsring, Reiten ohne Sattel und Trense. (Auch die Versicherungs-Agentur, bei der ich all meine Pferde versichert habe, hat dagegen nichts einzuwenden. Sie weiß, dass meine Pferde zufrieden, gut erzogen, raumorientiert und verständig sind. Ich habe sie alle mit großer Sorgfalt ausgebildet.)
Meine Kindheitserinnerung reicht bis zu den Warmblutpferden Ella und Herta, die auf der Koppel eines benachbarten Bauern gestanden haben. Mein Freund Ulle und ich brachten ihnen jeden Tag Brot und Zucker, schwangen uns dann auf die blanken Pferderücken und galoppierten auf ihnen etwas hin und her. Das ging jeweils so lange gut, bis der Bauer mit der Mistgabel in der Hand angerannt kam und uns wegjagdte. Ella und Herta hat es offensichtlich Spaß gemacht, denn sie standen jeden Tag wieder da und erwarteten uns. Ich erinnere mich an keinerlei Unruhe oder Gefahrenmomente. Alles war rhythmisch, heiter und gelassen ... bis der Bauer nahte ...!

Aus zwei Gründen bringe ich heute einem Reitschüler bei, Schlangenlinien ohne Zügeleinwirkung zu reiten oder seine Sitzpositionen zu variieren, ohne die Zügel aufzunehmen, bzw. aus dem Trab ohne Zügeleinwirkung zum Halten durchzuparieren.

1. Der Reiter soll lernen, wie er sich seinem Pferd durch Gewichts- und Schenkelhilfen verständlich machen kann.
2. Das Pferd soll lernen, seinem Reiter zu vertrauen und ihm zu gehorchen. Es spürt, was sein Reiter von ihm möchte, es kann quasi in ihn »hineinhorchen«. Macht es etwas richtig, wird es von seinem Reiter dafür gelobt.

■ *In jugendlich gelassener Stimmung ist es einfacher, eine leichte Verbindung zum Pferd zu halten – hier mit einem breiten Zügelkanal.*

Das Ergebnis ist, dass ein Pferd z.B. weiß, wie es eine klotzig angelegte Zügelhilfe zu verstehen hat. Entweder empfindet es sie zu Recht als störend oder auch als angemessene Korrektur und Strafe. Das Ergebnis ist aber auch, dass eine fein abgestimmte leichte Zügelhilfe von ihm »gehört« und angenommen wird.

Zügelhilfen sind wertvoll, da durch sie Pferd und Reiter dazu verholfen wird, Versammlung deutlicher zu machen. Die sich aktiv senkende Hinterhand und der sich dazu aufwölbende Rücken des Pferdes werden im Hals und Kopf des Pferdes gegenbalanciert, über den schönen lang gebogenen Hals mit dem relativen Anheben im freien Genick.

Das Pferdemaul ist dabei leicht geschlossen. Das Pferd kaut zufrieden auf dem Gebiss. Vom Pferdemaul zur Reiterhand ist ein »unsichtbares Band« gewoben, wie »ein Zwirnsfaden«, wie »von Zauberhand bewegt«. Als zehnjähriges Kind auf sehr guten Pferden ausgebildet, ist es eher leicht, eine solche feine Verbindung einzuhalten. Als erwachsener Profi komme ich zermürbt auf dem Pferd an. Abgehärtet durch Stallarbeit, Putzen und Satteln etc. muss ich den Um-

■ *Ein hochkarätiges, schwungvolles Deutsches Warmblut.*

gang mit den Kindern im Auge behalten und die Gefahrenmomente rund um die Pferde.

Die Dauerbelastung rund um den Kameraden Pferd macht »fest«, und es wird ein Riesenberg Information und Bewusstheit benötigt, um dann auf dem Pferd mit feiner Hand zu reagieren.

Der Privatreiter hat oft keine hochkarätig feine Reitausbildung genossen. Ihm ist nicht klar, dass Zügeleinwirkung nur selten mehr Krafteinsatz benötigt als stricken oder ein Essen zu würzen. Ganz besonders abgestumpft sind die Sinne des Reiters, wenn die zur Verfügung stehenden Schulpferde oder Lehrpferde »steinhart« im Maul sind. Eventuell handelt es sich um Importpferde, die vorher vor dem Wagen gelaufen sind oder sie kommen buchstäblich von schlechter Reiterhand.

Bevor Sie sich ein Pferd kaufen, sollten Sie sich die Frage stellen: »Was will ich in punkto Zügeleinwirkung?« »Welche Gewichtsklasse passt zu mir; nehme ich als natürlich wahr?« Passt Ihre Einschätzung zu dem, wie Sie körperlich funktionieren und reagieren? Fühlen Sie sich in den Händen, Armen und dem Schultergürtel gut beim Reiten? Gehen wir davon aus, dass Ihre Einschätzung angemessen ist. Passt das Pferd in seiner Grundausbildung und Sensibilisierung dazu? Was für Aussagen macht der Trainer? Die Aussagen der Reitausbilder, wie viel Gewicht in Ihrer Handschrift auf den Zügel gelegt werden darf, soll, kann und muss, variieren erheblich. Während ein Trainer mit ideenreichsten Gebisseinlagen gekoppelt bis zu 40 kg in jeder Hand als gegeben ansieht, um das Pferd zu unterstützen, möchte der andere

■ *Mittlere Gewichtung auf dem Zügel.*

■ *Diese Reiterin reitet mit einer feinen Hand.*

eine stille Hand, die nur »ein Spätzchen hält und nicht zerquetscht«. Der dritte minimiert bis zum »unsichtbaren Band«.
Gängig ist, je nach Körpergefühl des Bereiters, ein Mittelmaß in den Gewichtsklassen am Zügel. Passt das Vorhaben zu Ihnen und – noch viel wichtiger – zu Ihrem Pferd? Sensibilisieren und desensibilisieren – diese Möglichkeiten stehen Ihnen zur Verfügung. Sie können unter Einsatz von »lebendiger Anatomie«, gutem Trainingsaufbau und Gleichgewicht Ihr Pferd belastbarer oder auch wieder feinfühliger im Maul machen. Seien Sie dabei gut zu sich selbst und Ihren Schultern, Armen und Händen.
Ich selber habe mich von Kindesbeinen an durch die Reitanleitung meiner großen und guten Reitausbilder klar entschieden: Das Reiten mit feiner Hand ist für mich Wunsch, Bedürfnis und ein Muss. Die Pferde meiner Kindheit aller Rassen waren ebenfalls meine Lehrmeister: weich im Maul und durchlässig im Körper. Ich meine, dass ein Pferd auch in hoher Versammlung und bei schwierigem Leistungsgrad nie schöner, ausdrucksstärker und gesünder ist, als wenn es mit feiner Hand geritten wird. Ich möchte nicht, dass ein Pferd sich an meinen Händen, Schultern und Armen so anfühlt, wie die Wassereimer oder Heuballen, die ich schleppe. (Und das sind nur ca. 11 kg in jeder Hand.) Ich lade Sie dazu ein, sich selbst und ihr Pferd zu bewerten. Wie groß ist die Kraft, die Sie bei den Zügelhilfen einsetzen müssen, und was sagt Ihr Trainer dazu? Wenn Ihr Pferd Ihren Erwartungen entspricht, fein! Wenn nicht, wehrt es sich mit einem ruckartigen Stoßen auf den Zügel, lässt die Zunge heraushängen, knirscht mit den Zähnen oder wird einfach nur stummer und stärker im Maul. Wenn Sie

■ *Die Stellung von Hals und Kopf wird über den Zügelhilfenkanal begleitet.*

■ Gelegentlich können Sie die Zügel auch breit führen.

nicht zum Pferd passen, haben Sie ein bleischweres, überarbeitetes, müdes Gefühl in den Händen, Schultern oder Armen. Dieses Gefühl ist mit Sicherheit nicht gesund und Sie müssen etwas ändern.

Es gibt noch eine zweite, zumeist nicht genannte Falle im Gebrauch des Selbst bei den Zügelhilfen. Dabei geht es um den »Hilfenkanal«, den Sie mit den Zügeln einrichten wollen, sollen oder dürfen. Der Hilfenkanal für die Zügelhilfen ist der Abstand und die Positionierung der Hände zueinander und zum Pferd. Darin wird relative Versammlung über das Rundmachen des Pferdehalses eingerichtet, allerdings nicht und nie, ohne die Hinterhand zum vermehrten Untertreten und Tragen heranzuziehen. Die Aktivität der Hinterhand federt sich an der Zügelhand ab oder wird vom »Hilfenkanal« am Zügel vorgelassen.

Stellung des Kopfes und Biegung des Halses sowie ein Geraderichten des Pferdes im Zusammenklang beider losgelassener Körperhälften können Sie über den Hilfenkanal am Zügel begleiten, einlenken, sichern oder anmahnen. Wie das zu tun ist, gibt die Literatur sehr sparsam vor. Häufig wird gelehrt, die Hände eine Handbreit auseinander und eine Handbreit über dem Widerrist zu führen.

Des weiteren sollen die kleinen Finger zueinander gehalten sein und die Daumen dachförmig auf aufgestellter Faust (die man auch zum Boxen einsetzen könnte). Der Zügel verläuft überwiegend zwischen Ringfinger und kleinem Finger.

Der Sitz des Reiters wird folgendermaßen beschrieben: In den Schultern eher breit und zurückgenommen in den Schulterblättern, in den Ellbogen gewinkelt, die Arme am Rippenbogen anliegend, Unterarm und Handrücken bilden eine Linie zum Pferdemaul. Dieses ist eine sehr schöne Beschreibung einer Schulter-Arm-Zügel-Pferdemaulverbindung im »Hilfenkanal« des Zügeleinsatzes: Aber es ist eben nur eine schöne Beschreibung. Beobachten Sie Ihren Bereiter oder Reitlehrer, ob er selbst beim Vorstellen oder Bereiten eines Pferdes die von ihm im Unterricht gemachten Vorgaben einhält. Und welchen »Hilfenkanal« für den Zügel interpretiert sein Konkurrent – auf seinem Pferd – auf Ihrem Pferd? Und darauf folgt die Frage, ob Sie sich selber in der jeweilig vorgegebenen Position einrichten und wiederfinden können. Es gibt in der Reiterei die klassische Lehre, nach der jede Reitschule FN angibt zu arbeiten. Wonach auch der Freizeitreiter strebt, wenn er sein Pferd im Ungehorsam wiederfindet oder wenn er in der Feinabstimmung Reiter – Pferd weiterkommen möchte. Es gibt das Feld-, Wald- und Wiesenreiten hinter dem Haus, das ich nicht meine und das nur dann pferdeschonend ist, wenn das Pferd selten genug von der Koppel geholt wird.

Es gibt beim Reiten etwas, was ich das »große Geheimwissen« nenne. Es wird selten benannt und gelehrt. Es erschließt sich beim Beobachten großer (alter) Reitmeister in der Ausbildung eines Pferdes. Den »Hilfenkanal« am Zügeleinsatz zu variieren, ist sicherlich eine Sparte in diesen Geheimnissen.

Probieren Sie »trocken« aus, ob Ihr Geist und Körper mitmacht, wenn Sie z.B. – den Zügelkanal wie einen eingeschnallten Ausbinder breit einstellen – die innere Hand höher führen – die äußere Hand höher führen – mit einer Hand reiten – den Zügel vortreibend einsetzen oder ermahnend – den Zügel öffnen oder anlegen – beide Fäuste gegeneinander legen und simulieren, dass es nur eine Hand gibt. Achtung: Die Zügel abwechselnd hoch und runterführen etc. Sie können den Zügel in der ganzen Faust führen, nur am Ringfinger oder zwischen Daumen und Zeigefinger bei mehr oder weniger offener oder geschlossener Hand.

Wer Ihr Pferd erfolgreich reitet und dabei gesund und willig erhält, kann Ihr Vorbild sein. Und das unabhängig davon, ob er das, was er lehrt, auch immer ganz genau einhält. Sind Sie selber in der Lage, sich in vorgegebenen Positionen zum Zügelhilfenkanal einzurichten oder einzudenken? Sie können das üben, und die Pferde werden es Ihnen in jedem Fall danken, da Sie sich ihm angenehmer und differenzierter verständlich machen können.

■ *Schulter – Hand – Pferdemaul*

Denken Sie sich in Ihr Brustbein ein. Mit dem graduellen Heben und Senken, rechts und links Einstellen vom Brustbein ausgehend, minimieren Sie den Aufwand für Ihre Schultern, Arme und Hände.

Wenn also vom Reitlehrer die Aufforderung kommt: »Schultern zurück«, dann können Sie sich zuerst in das Heben vom Brustbein einlassen. Und wenn die Aufforderung kommt, geschmeidiger mitzugehen, dann könnten Sie sich graduell im Brustbein weich absenken. Je mehr Sie aus Ihrem Oberkörper (Torso) heraus tun können, umso geringer wird der Aufwand für Ihre Extremitäten. Wenn Sie sich mit einer Handfläche auf dem Brustbein berühren, können Sie lernen, dort berührbar und bewegungsbereit zu werden. Vor lauter Überzeugtheit vom ladestockgeraden Sitzen, Gehen und Stehen sind viele Reiter genau an dieser Stelle ungeschmeidig. Wenn Sie Ihre Schultern im Gelenk kreisen lassen, dürfen die Schulterblätter dabei über den Rippen zur Wirbelsäule hin und wieder auseinander gleiten. Die Schultern sind dabei immer weit und werden hängen gelassen, d.h. nicht hochgezogen und gehalten.

Ihre Ellbogen bleiben leicht an die Rippen angelehnt, nicht in Ihrer Armbeuge gequetscht. Sie können aus dem Scharniergelenk der Ellbogen Ihre Unterarme heben und senken und aus Ihren Schultern erlauben, die Ellbogen weiter vorne oder hinten zu den Rippenbögen einzurichten. Denken Sie Ihre Handgelenke stabil und mittig, als Kanal für einen Energiestrom. Seien Sie jederzeit bereit zu einem Zittern und Vibrieren im

Handgelenk. Vermeiden Sie ein Kanten oder Einrollen. Viele Bilder gibt es, um die vorherrschend verkrampft einwirkende Reiterfaust zu einer dem Pferd und dem Reiten passenden Einwirkung und Haltung umzuwandeln. Ziehen Sie z.B. ein Boot an Land; boxen Sie zum Spaß andeutungsweise jemand in den Bauch – mit der Faust (und in die Rippen – mit dem Ellbogen). Reichen Sie einem Freund die Hand. Halten Sie schützend ein Vögelchen, spielen Sie Klavier, melken Sie eine Ziege, drücken Sie einen Schwamm aus etc.

Das Pferd soll nicht das Gefühl vermittelt bekommen, Sie zögen einen Schlitten über Geröll und auch nicht, als müssten Sie einen Ast herauszerren oder herausreißen.

Wenn Ihnen danach ist, den Zügelhilfenkanal in letzterer Version einzurichten, empfehle ich, sich selber ein Gebiss in den Mund zu legen und die Nachbarskinder dann Ihren »Reiter« spielen zu lassen!

»Seien Sie ein Trommler«

Kompetent, bewusst und beweglich den »Hilfenkanal« für die Zügelhilfen zu finden und zu bestimmen heißt:

■ Das Pferd über Lektionen, die ohne Zügeleinwirkung geritten sind, fein abzustimmen.

■ Den Reiter bei den vorherrschenden Gewichts- und Schenkelhilfen ins Gleichgewicht zu bringen, ohne die Zügel einzusetzen.

■ Die »Gewichtsklasse« für die Zügelhilfen mit sich, dem Pferd und dem Reitlehrer abzustimmen.

■ Das Geheimnis über die Variationsbreite im unterschiedlichen Gebrauch des Zügelhilfenkanals zu erforschen.

■ Das Heben und Senken sowie Rotieren vom Brustbein als Unterstützer aus dem Oberkörper (Torso) für den leichteren Einsatz der Extremitäten neu zu lernen.

■ Schütteln Sie Ihren Oberkörper locker aus.

■ Bedienen Sie Schultern, Arme, Ellbogen und Hände wie beim Umgang mit einem Freund und nicht wie beim Umgang mit einem Holzstapel. Machen Sie sich klar, wie es sich anfühlt, einen schweren Wassereimer zu tragen und im Unterschied dazu, Verbindung zwischen der Hand und dem Pferdemaul aufzubauen.

■ Die Zügelhilfen sind der »Sahneklecks« obendrauf. Sprechen Sie zuerst die Hinterhand des Pferdes an und dann erst sein Maul und Genick.

■ Wenn Sie in Hamburg in das Musical »König der Löwen« gehen, ist mitten im Publikum der Trommler im Einsatz. Ihnen wird beim Zugucken klar, dass der Trommler nur aus dem Gebrauch seines ganzen Selbst und seines ganzen Körpers heraus, die Trommeln zum Klingen bringen kann. Verhalten Sie sich auch auf dem Pferde wie ein

»Trommler«, indem Sie mal leise und mal laut Maul, Laden, Kiefer, Zunge, Genick und Halswirbelsäule des Pferdes direkt ansprechen, um damit Rücken und Hinterhand zu beeinflussen.

Sprechen Sie zuerst die Hinterhand des Pferdes an und dann erst sein Maul und Genick.

9. Vom Suchen und Finden der reiterlichen Einstellung in Position und Haltung

Da ich seit mehr als 30 Jahren unterrichte, bin ich mit allen Sitzarten- und Sitzvariationen vertraut und mache jeden Reiter im Laufe des ersten Unterrichtsjahres (bei dreimal wöchentlichem Reiten) damit bekannt. Im Kurssystem für meine erwachsenen Reiter werden die Sitzvarianten im Laufe von vierzig Kurstagen über mehrere Kurse hinweg eingeübt. Durch meine eigene reiterliche Ausbildung bei guten Reitmeistern war es für mich logisch und klar: In den Parcours gehört der Springsitz, in das Jagdfeld der Leichte Sitz oder Jagdsitz, in die Lösephase des Pferdes überwiegend das Leichttraben. Reitet man bergauf neigt man sich deutlich nach vorne, bergab reitet man dosiert entlastend etc.

Ich hatte Pferde, die durch Korrekturberitt überprüft, schwungvoll liefen und mich gut hinsetzten. Ein tolles Gefühl! Dadurch wusste ich, wie es sich anfühlen muss, wenn ich andere Schul- oder Privatpferde ritt. (Das geschah durch die Reitstunde, den Trainingsaufbau, den Reitlehrer oder durch mich, wenn wir – alle drei – gut zusammenpassten.)

Die verschiedenen »Sitzpositionen« werden nicht unbedingt und vor allem nicht überall gelehrt. Oft werden sie dem Profi vorbehalten, bestenfalls noch dem talentierten Jungreiter vermittelt. Warum das so ist, hat meines Erachtens zwei Gründe. Sich auf dem

■ *Erst das gehorsam durchlässig arbeitende Pferd setzt den Reiter hin.*

■ *Versammlung ist die letzte Stufe auf der Skala der Ausbildung und immer graduell und relativ zu sehen.*

Pferd in einer dem Grundsitz angenäherten Position herumtragen zu lassen, funktioniert mit sparsamen Erklärungen und über Ausdauertraining. Die Sitzpositionen dagegen zu festigen, setzt eine Auszeit für das Reiten voraus. Auf dem stehenden (vielleicht sogar gehaltenen) Pferd werden die Grundlinien der verschiedenen Sitzvariationen besprochen und simuliert. Wer dann nicht in die Position kommt, hat in diesem Moment kein Gleichgewichtsgefühl dazu. Es bedarf also zum Auffinden der verschiedenen Sitzpositionen ein spezielles Hintergrundwissen vom Einrichten des Menschen in sein Gleichgewicht zu der jeweiligen Position. Da Gleichgewichtsgefühl auffindbar und erlernbar ist, lohnt sich die Mühe.

Zweitens werden Sitzpositionen in den Basis-Turnierprüfungen nicht abgefragt. Die Inhalte der Prüfungen sind häufig aufgrund hoher Teilnehmerzahlen erheblich reduziert. Dennoch sind sie das Motivations- und Überprüfungssystem der Ausbildung.

Ich habe viele Ponykinder für das Motivationsabzeichen »Kleines und Großes Hufeisen« vorgestellt. Zu der Prüfung gesellten sich häufig Reiterkinder anderer Vereine. Obwohl die Prüfung das Überwinden mehrerer harmloser kleiner Hindernisse vorsieht, hatten viele Kinder keine Ahnung vom Leichten Sitz, vom Vornelassen oder Vorschieben der Hände etc. Für die Prüfung war das nicht erforderlich. Es ist aber aus meiner Sicht unreiterlich, die Ponys und Pferde über den Parcours zu schicken, während der Reiter ahnungslos mit den Beinen klammert, mit dem Popo im Sattel bleibt oder sich am Zügel festhält.

Genauso wenig berücksichtigten Reiter und Richter bei den Prüfungen für junge Pferde die entwicklungsbedingte Schwäche in der Rückenmuskulatur und Hinterhand der Tiere. Da wird im lotrechten Grundsitz oder sogar im Schwersitz ausgesessen – häufiger und länger, als es der Ausbildungs- und Reifegrad des Pferdes eigentlich erlaubt. Die Vorbereitungszeit zur Prüfung ist kurz und teuer, so dass man auch hier gleich zur Sache kommt.

Der dritte Aspekt zum Thema Variieren und Erlernen von Sitzposition ist folgender: Von den Gleichgewichtsmerkmalen her ist es unmöglich, über eine längere Strecke und Dauer in derselben belastenden Position im Grundsitz oder Schwersitz zu verbleiben. Man variiert automatisch. Die Unterstützungsfläche durch das Pferd ist mehr oder weniger kraftvoll und mehr oder weniger genau balanciert. Darüber werden wir als

Reiter ausgependelt. Darüber hinaus wollen wir Gleichgewicht, Ausdruck und Ausstrahlung des Pferdes verbessern. Das Wesentliche, was wir tun können, ist, uns im Sitz unterschiedlich stark einzubringen. Sogar innerhalb einer Position erhöhen oder mindern wir die Spannung im Sitz, die Neigung oder den Grad der Aufrichtung. Dieses wird selten gelehrt.

Der Reiter junger Pferde »erzieht« sich die Sitzvariationen selber an, um auf das Pferd freundlich und nicht so stark und bedrohlich zu wirken. Im Beritt von neurotischen und verdorbenen Pferden nehmen wir das Pferd über Sitzvariation, Stimmung und Einstellung gleichsam an der Hand »so wie eine Mutter, die ihr Kleinkind sicher über eine Straße führt«, so nennt es der Reitmeister Dieter Bruhn! Sich zwei Minuten innerhalb einer Prüfung »ordentlich« hinzusetzen, sagt nichts darüber aus, wie lange welche Sitzart im Training eingesetzt wurde.

Bei der Beobachtung von Reitmeistern im Ausbildungsberitt von wunderbar weit entwickelten Pferden für die Dressur und/oder das Springen wird deutlich, wie häufig sich diese innerhalb der Sitzposition »umorientieren« oder sich stärker einbringen. In der Dressur wird auch bei angestrebter schwerer Lektion in hoher Versammlung zum Kavalleriestand gewechselt oder nur zum leichten vorgeneigten Sitz. Im Springparcours wird der Entlastungssitz erheblich variiert – vom schwer eingesessenen Grundsitz bis hin zum Caprillispringsitz: »Hintern aus dem Sattel! Bügel kurz!«

Wenn anerkannte Reitmeister reiten, lohnt es, sie zu beobachten. Dennoch geben sie den ihnen unterstellten Bereitern häufig keine Information dazu weiter. Sitzvariation innerhalb einer Position bleibt also »Geheimwissen!«. Die Auszubildenden und Bereiter werden »betriebsblind«, »betriebstaub« und holen sich dieses »Spezialwissen« im eigenen Betrieb nicht ab, obwohl sie stolz darauf sind, genau bei diesem Ausbilder lernen zu dürfen.

Gebrauchsreiten funktioniert als Transport von A nach B. Darunter können wir genauso die Lamas, Mulis oder Rentiere fassen, die mit zwei Körben rechts und links bepackt sind und sowohl Mutter und Neugeborenes, als auch Vorräte und Zelte über Pässe und Ebenen bringen. Gebrauchsreiten nenne ich es auch, wenn die Praktikantin mit dem Norweger Ollie zum Einkaufen ins Dorf reitet. Sie hat noch keinen Führerschein. Alles andere sind Sparten des Reitsports und dazu gehört, dass man sein Wissen erweitert und sich mit dem Thema Gleichgewicht immer wieder auseinander setzt.

■ *Es gibt viele Sparten im Reitsport – auch im »Spieleparcours« benötigt man Gleichgewicht.*

Die Sitzposition

a) Der Grundsitz mit Sattel wird im Kapitel 3 zum Reiterbein schon erklärt. Reden wir über Gleichgewicht und Sitz, »fällen wir immer ein Lot«, da wir uns angemessen zur Schwerkraft verhalten wollen. Dabei ist nicht das Pferd die Maßeinheit oder der Sattel – sondern die Erdanziehungskraft. Für Verankerung und Stabilität wollen wir diese so weit wie möglich ausnutzen. Der Boden trägt die Füße, die Füße tragen die Beine. In den Gesäßknochen wiegen wir schwer und stellen sie lotrecht auf ihre Kufen an. Wir denken im Lot und sitzen in drei Achsen: Von der rechten Schulter durch den Fuß zum Boden. Von der linken Schulter durch die Fußmitte zum Boden. Vom Genick lotrecht mittig zwischen beiden Gesäßknochen zum Boden.

Je nach Intention fällen wir das Lot der äußeren Achsen durch die abgesenkte Ferse des Reiters oder durch den Auffußungspunkt des Hochseiltänzers im Mittelfuß.

Entweder wollen wir das Pferd vor uns bringen, anschieben wie wir ein Ölfass ankippen, auf dessen Rand wir sitzen oder wir gehen davon aus, uns über hohe Körperspannung eindrucksvoll wirksam werden zu lassen, während wir gewichtsneutral immer über dem Pferd sind. Im Oberkörper richten wir uns in ein »Fadenkreuz« ein, das uns Orientierung gibt. Ein Faden geht vom unteren Brustbein durch den Körper bis zum 7. Halswirbel und der andere vom unteren Ende der Brustwirbelsäule durch das obere Brustbein. Nehmen Sie in der Position der Oberschenkel und der Unterschenkel eine parallel zum Fadenkreuz verlaufende Haltung ein. Jetzt sind Sie untergebracht. Atmen Sie, damit Sie sich lebendig fühlen. Starre und Balance widersprechen sich, da Balance jederzeit Veränderungen zulässt.

Ein Fadenkreuz im Oberkörper.

b) Im Schwersitz sind Sie weiter nach hinten gelehnt, bei gleichzeitigem Abrollen auf die Beckenhälften hinter die Mitte der Gesäßknochen. Sie können sich fühlen, wie beim Schaukelanschwung nach vorne. Im Gegensatz zum Stuhlsitz bleibt das Lot mit meist langem Bein bestehen; den Oberkörper bringen Sie mit Gewicht und Nachdruck auf dem Rücken des Pferdes ein.

c) Für den Entlastungssitz können Sie den Bügel 2–4 Loch verkürzen. (Das empfiehlt sich bei vielen Reitern auch für den Grundsitz, um sich in den Gelenken besser auf das Durchlassen einer Bewegung einzustellen.) Das gewinkelte Bein steht solide im Bügel und »trachtet« nach dem Boden. Der Oberkörper wird graduell nach vorne geneigt und das Gesäß mit dem Hauch einer Entspannung nach hinten geschoben. Im Augenmerk haben wir die großen Gelenke der Hinterhand und das Hüftgelenk des Pferdes. Wahrscheinlich können Sie im Entlastungssitz die Zügel etwas kürzer nehmen, da Ihre Hände weiter nach vorne kommen. Achtsam umgehen sollten Sie mit der Hals-Nackenlinie. Ihr Blick wird mehr nach unten geführt. Den Blick nach vorne und die sonstige Umgebung können Sie weich einrichten.

d) Der Springsitz reagiert auf die Anforderungen für das Pferd bei hohen Sprüngen. Der nochmals verkürzte Bügel bringt das Gesäß noch weiter aus dem Sattel und die Hände noch weiter nach vorne. Sie verteilen Ihr Gewicht um den Schwerpunkt. Diesen Sitz nennen wir daher »dynamisch«. Es kommt so viel Gesäß nach hinten wie Schultern und Oberkörper nach vorne kommen.

Bereiterin Nadine Buberl reagiert im guten Springsitz auf die Anforderungen, die an Sie und das Pferd gestellt werden.

Der Springsitz ähnelt in seiner Ausrichtung sehr der bewegungs- und reaktionsbereiten Position an der Tischtennisplatte, am Fußballtor oder am Tennisnetz. Der Boden trägt über die Füße den weit umverteilten Oberkörper. Der Pferderücken ist frei. Das ist der Vorteil!

e) Beachtenswert, da selten gelehrt, ist die Sitzposition, in der man (fast) über dem Pferd steht, die wir den »Kavalleriestand« nennen. Sie stehen auf dem Pferd auf, Ihre Oberschenkel sind am Sattelblatt angelegt, und Ihre Kniespitzen haben die Tendenz nach unten.
Die Zügel geben Ihnen etwas Halt in der Gegenbalance. Diese Sitzposition ist nicht sehr stabil, da Sie im Bein lang bleiben. Sie funktioniert also nur kurzzeitig und sollte nur auf sicherem Terrain stattfinden.

■ *Der Kavalleriestand ähnelt dem Aufstehen beim Leichttraben.*

Sie fühlen sich in ihr am besten, wenn das Pferd mit den Hinterbeinen deutlich unter seinen oder Ihren Schwerpunkt tritt oder darunterspringt. Ihre Intention sollte also sein, das Pferd dazu zu ermutigen. Wenn Sie hoch hinaus aufstehen (bleiben Sie wieder weich und bequem im Kiefer und in der Hals-Nackenlinie), ist das die Ertüchtigung, da Sie seinen Rücken zum Aufwölben freigeben.

f) Das Aussitzen ist immer so ein bisschen die Daumenschraube für den Reiter. Was lange währt, wird endlich gut. Reiter und Pferd haben sich sportlich betätigt. Und was haben Sie beim lang anhaltenden Aussitzen sonst noch erreicht? Und wie geht es dem Pferd damit? Was ist das überhaupt für ein Pferd? Ein Lipizzaner, ein Andalusier, ein Connemara – kurz und stark im Rücken, nicht so viel »Boden machend« in der Bewegung? Oder ein Vollblüter, ein Warmblüter – mit langem Rücken und großer Übersetzung? Und wie passen Sie dazu? Erstaunlicherweise erfordern Siege und Platzierungen in der Dressurprüfung meist immer noch große Pferde, auch bei kleinen Reitern. Das Idealbild des Reiters wird als groß, schlank und langbeinig beschrieben. Passt das auch zu kleinen, schmalen Pferden?
Das Aussitzen muss man üben. Aber nicht über ein Ausdauertraining – die armen Pfer-

de – sondern über ein »Wie?« und »Warum?«.

Wie? Zum Beispiel in kurzen Trab- und Galoppreprisen beim Reiten an der Longe auf dem ausgebundenen Pferd.

Beim Reiten mit geschlossenen Augen auf dem im Schritt geführten Pferd. Beim Wechsel der Sitzarten: Entlasten – Annähern zum Aussitzen – Entlasten.

Beim Reiten ohne Bügel und ohne Zügel oder indem Sie sich mit den Händen am Halteriemchen (»Maria hilf«) oder mit der inneren Hand am Halteriemchen und mit der äußeren Hand am Hinterzwiesel des Sattels hineinziehen in den tiefsten Punkt des Sattels.

Wesentlich für das Erlernen der Sitzposition Aussitzen im Trab und Galopp scheint nur eine Veränderung der Einstellung. Nicht über das Aussitzen Versammlung provozieren wollen, sondern innerhalb von graduell erreichter Versammlung das Aussitzen ausprobieren. Das schwingende, sich versammelnde Pferd nimmt Sie mit hinein in die Bewegung – kurzfristig. Pferd und Reiter fühlen sich wohl. Veränderung der Einstellung zum Aussitzen bei der Dressur und zwischen Hindernissen bedeutet auch, sich dem Aussitzen anzunähern, d.h. die Schultern und den Oberkörper minimal etwas weiter zurückzunehmen und dabei Ihre Mittelposition jeweils weiter nach vorne durchzulas-

■ *Lassen Sie sich vom Pferd in das Aussitzen mitnehmen.*

■ *Claudia, Shetlandstute Joy und Mischlingshündin Dolly »trainieren« Gleichgewicht.*

sen. Bei den schwungvollen Pferdebewegungen ist das in gelebter Anatomie nur möglich, wenn Sie die Hüftgelenkswinkel dabei öffnen und schließen und sich in den Knien durch die Bewegungen des Pferdes heben und senken lassen. Erlauben Sie sich die Wahrnehmung, dass ein Heben und Senken Ihrer Knie und der jeweiligen Körperhälften durch das Pferd wechselseitig erfolgt und nicht beidseitig gleichzeitig.

»Reiten mit geschlossenen Augen« ermöglicht Ihnen wunderbare, tiefe Einblicke und Wahrnehmungen. Das »Wann« zum Aussitzen diktieren Sie sich dann selber. Lassen Sie sich dabei vom Pferd mitnehmen. Wenn es Ihnen dabei unbequem wird, geht es mit Sicherheit dem Pferd genauso. Sie wechseln Sitzpositionen, um sich und Ihr Pferd nicht festzumachen.

Bei allem Ringen um den guten Reitersitz wird das Thema »Sitz« in den meisten Reitstunden überbewertet. Sowohl inhaltlich als auch zeitlich. Schon Ponyclubeltern, die gar nicht reiten können, stehen am Rande und zischen: »Kopf hoch«, »Beine zu«, »Sitz gerade« und »Absatz tief«!

»Nein!«; kann ich da nur sagen. Natürlichkeit und Unbefangenheit gehen vor. Gleichgewicht geht vor! Gleichgewicht basiert darauf, wie sich der Mensch mental fühlt, darauf, wie er gebaut ist und wie es mit seiner Körperspannung aussieht.

Natürlichkeit wird heutzutage viel gewollt. Daher ein hohes Ziel.

Gleichgewicht kommt am besten von innen, aus dem Reiter selber heraus. Er bestimmt das »Wann« der reiterlichen Form, den Wechsel der Positionen ... Der Lehrer ist zuständig, die Informationen vorzulegen und zwar erst, wenn die Frage danach aufkommt: »Wo bin ich in der Orientierung zum Pferd und zu der Lektion? Wo ist das Ideal der zu verwirklichenden Form?

Und dann noch folgender Einwand. Es gibt eine Menge Pferde, die vom Interieur, Exterieur und ihren Gängen hoch zu bewerten sind. Das betrifft sowohl die Pferde mit Abstammungsnachweis als auch die »No-Names«. Man muss sich kein »unbequemes« Pferd kaufen. Vielleicht können Sie ja einen Experten mit hinzuziehen, um es auf Rittigkeit oder Reiteignung zu testen. Oder kaufen Sie Ihr Pferd gar nicht nach Reiteignung, sondern nur nach Herzenslust? So kamen wir zu »Joy«.

Einer Shetty-Dame allerbester Abstammung. Ein Zuchtstütchen mit Papieren sollte es sein. Sie bog um die Ecke, an »Heidi«, »Erika« und »Flora« vorbei. »Joy« ist 90 cm hoch, kastig, quadratisch, zauberhaft. Sie lehrt Gleichgewicht auf anderen Wegen. Sie lässt das Hündchen »Dolly« auf sich reiten. Sie ist munter und fleißig als Führpony und auch, wenn sie durch die E-Zäune witschelt, zum Knuddeln süß.

Interessanterweise reiten alle die Kinder gerne auf »Joy«, die nachher einen Sinn und Geduldsfaden haben für übersensible, übereifrige Pferde, in die man sich sehr einfühlen muss. Das ist auch ein Talent.

Die gute Sitzposition funktioniert nicht ohne das gut unter den Reiter laufende Pferd und mit seinem Exterieur, das sich zum Reiten wirklich eignet. Dazu kommt als Störfaktor der schlecht sitzende, so eben tolerabel passende Sattel, der günstig für das zehnjährige Kind angeschafft wurde. Auch ein Sattel muss zu Pferd und Reiter passen. Habe ich ein gutes Pferd und einen guten Sattel, kann ich mir den Sitz natürlich auch über den Trainingsverlauf verderben.

Mit Angst, Müdigkeit oder Übermut bei Pferd und Reiter den idealen Sitz anzustreben heißt: in fester Form erstarren. Natürlichkeit geht vor, dann kommt Balance und dann die bestimmende Position.

Kompetent, bewusst und beweglich den Sitz des Reiters finden heißt:

- Suchen Sie sich Lehreinheiten.

- Suchen Sie sich einen Ausbilder, der Sie mit allen Sitzvariationen in Ruhe vertraut macht.

- Bedenken Sie, dass es sicher das ideale Gleichgewicht für eine Aufgabenstellung gibt. Dennoch steht an oberster Stelle Ihr persönliches Gleichgewicht.

- Vor der erlernten Form steht die Natürlichkeit. »Festigkeit« bringt keinen Lernfortschritt.

- Schauen Sie sich diverse Reitmeister im Trainingsalltag an. Wann bringen Sie Ihren Schülern Sitzvariationen auch innerhalb einer Sitzart bei? Wie nutzen Sie verschiedene Sitzarten? Welche Reaktionen zeigt das Pferd dabei? Haben andere Schüler sich dieses »Timing« abgeguckt?

- Die Sitzpositionen können im Fadenkreuz und in Lotlinien beschrieben werden. Machen Sie sich damit vertraut. Atmen Sie bei allem, was Sie tun, ruhig weiter und richten Sie sich dann lebendig und behaglich darin ein.

- Verändern Sie Ihre mentale Einstellung zum Aussitzen. Trainieren Sie Sitzpositionen, sitzen Sie gelegentlich aus.

- Machen Sie sich klar, dass Sie, um gut sitzen zu können, ein Pferd brauchen, das zu

Ihnen und Ihren Vorstellungen passt. Dass der Sattel zu Ihnen und dem Pferd passen muss. Dass das Training Ihren und den Bedürfnissen des Pferdes angepasst sein muss. Setzen Sie sich ein zufriedenes, feines Pferd unter den Hintern, wenn Sie in Sitz und Einwirkung auf das Optimum zusteuern wollen.

■ Achten Sie darauf, dass Sie selber und alle anderen Beteiligten rund um Ihr Pferd freundlichen Kontakt zum Pferd halten. Ganz wichtig sind die guten, pferdegerechten und möglichst natürlichen Haltungsbedingungen. Nur ein Pferd, das frei von Stallmut, Stress und Angst ist, kann seinen Reiter gut hinsetzen.

■ *Pferd und Reiter zeigen ein gesundes, harmonisches Bergaufreiten im Galopp.*

KAPITEL III

VOM SUCHEN UND FINDEN DER REITERLICHEN ENTWICKLUNG

1. Vom Suchen und Finden des Schrittes

Gleichgewicht und Schrittreiten – das Gelingen dieser Kombination wird zu häufig vorausgesetzt. Als schwunglose und auch langsamere Gangart wird vom Reiter angenommen, dass er im Schritt keine Höhenangst oder Fallangst hat. Im Schritt wird davon ausgegangen, dass man sofort losreitet – ob das nun kleine Kinder beim Ponyreiten auf dem Weihnachtsmarkt sind oder Reitanfänger im Gruppenunterricht. Oft klammern diese mit den Oberschenkeln und Beinen und halten sich an den Zügeln fest. Sie versuchen irgendwie die Angst und die verlorene Balance zu kaschieren.

Es ist ratsam, wenn man sich zu Beginn auf dem Pferderücken nicht sicher fühlt und sich im Sattel nicht einrichten kann, die Sitzposition im Halten zu finden. Alle Grundpositionen und Sitzvariationen können auf dem stehenden Pferd geklärt werden. Warten Sie, bis Sie auf dem stehenden Pferd loslassen können. Tatsächlich können Sie viele Profis dabei beobachten, wie sie nach dem Aufsitzen ihr Gleichgewicht im Sattel überprüfen und ihre Ausrichtung, aus der heraus das Pferd sie trägt. Das machen sie, solange das Pferd steht. Manchmal ist es nötig, das Pferd dafür noch einmal durchzuparieren, sollte es angetreten sein.
Sie probieren aus, wie sie sich in der Mitte des Sattels platzieren können und wie sie die

Nach dem Aufsitzen die Hinterhand ansprechen, das Pferd antreten lassen und wieder anhalten.

Hinterbeine des Pferdes aus dieser Position heraus »ansprechen« können. Insbesondere nach dem Einsatz von Impulsen aus dem Reiterhüftgelenk oder durch Schenkelhilfen.
Sie fühlen sich in das Pferd ein, um zu spüren, ob das Pferd unter ihnen den Rücken festmacht oder ob es vor Schreck (beim schlecht passenden Sattel auch vor Schmerz) den Rücken durchhängen lässt.
Der Profi testet nach dem Aufsitzen gerne, ob das Pferd beim Aufnehmen erst des einen und dann des anderen Zügels eine reflexartig passende und entsprechende Reaktion zeigt. Es soll den Hals fallen lassen und sich in »Stellung« oder »Biegung« einrichten lassen. Bei beidseitig aufgenommenen Zügeln ist das Pferd in der Lage, schnurgeradeaus zu schauen. All dieses probiert der Profi auf dem noch stehenden Pferd. Manchmal lässt er es antreten und hält es nach ein paar Tritten wieder an. Das eigene Gefühl auf dem Pferd und im Zusammenspiel mit ihm wird geklärt. Der Reiter merkt dabei schnell, wie das Pferde »heute« auf ihn reagiert, auf seinen Sitz und seine Einwirkung.
Wenn Sie Ihren eigenen Po (das Gefühl für das Pferd in Ihrem Po) und Ihre Aufmerksamkeit für die ersten Minuten auf dem Pferd nicht schulen, verpassen Sie die Möglichkeit, wichtige Informationen über die »Tagesform« des Pferdes schon in diesem Moment zu sammeln. War das Pferd beim Schmied und drückt vielleicht irgendwo ein Nagel? War es bei der Hufpflege und kommt sich auf einmal so »barfuß« vor?
Passt der Sattel? Im 23. Lebensjahr meiner Dressurpferde lagen meine wundervollen Passiersättel auf einmal auf.
Auf einem Wanderritt machte der 12–jährige Hessen-Wallach »Wanderer« plötzlich einen erheblichen Senkrücken. Im Stehen, direkt nach dem Aufsitzen. Jahre später wird Spat diagnostiziert, eine Knochenauftreibung an den großen Gelenken der Hinterhand.
Der schwarze »Genever« hatte sich für sein Abbuckeln einen Namen gemacht. Nach dem Aufsitzen zog er den Rücken zusammen und drückte ihn hoch, während er den Atem anhielt. Ich bin in dem Moment nicht angeritten. Nach dreißig Minuten senkte er den Rücken wieder ab. Ich habe das Pferd nicht geritten, sondern bin abgesessen. Am nächsten Tag wusste ich, was mich erwartet und das Pferd, dass ich aufmerksam auf es reagiere. Seine Bedenken dauerten zehn Minuten. Ab der nächsten Trainingseinheit konnten wir nach der Einrichtungszeit im Stehen von einigen Minuten gleich losreiten. Leider wird bei dem schönen und potenten Pferd ein solch' reflexartig impulsiver Widerstand als Temperament ausgelegt und unter Risiko der eigenen Gesundheit mit Gewalt begegnet.
Auch auf dem steifen und schiefen Pferd wird häufig gleich losgeritten. Es soll sich beim Training »entrosten«. Nach meinem Dafürhalten verläuft das Training erfolgreicher und gesünder für das Pferd, wenn vor jedem Mal ein Abgleichen von Information zwischen Pferd und Reiter stattfindet und sich der Trainer – sparsam – aber doch – auch dazu äußert. Die Informationen beziehen sich auf das körperliche und psychische Gleichgewicht im Reiter selber und zwischen Reiter und Pferd.

■ *Der Schritt ist schwer zu sitzen.*

Das Pferd ist mir zu groß, zu klein, zu dick, zu dünn, zu maulig und stark auf der Hand, zu sensibel an der Hand, es spricht auf den jeweiligen Gesäßknochen, Hüftgelenkimpuls, die Wade, auf nichts an. Ich fühle mich hingesetzt, passend besetzt, sicher oder unsicher.

Wenn der Profi so vorbereitet und bewusst losreitet, bevor er das Pferd im Schritt anreitet, warum sollte der Reitanfänger oder das Kind beim Ponyreiten gleich losreiten? Eile mit Weile ... Erlauben Sie sich und auch anderen, ihr Gleichgewicht auf dem stehenden Pferd einzurichten. Warten Sie als Reitlehrer auf den Reiter, bis er wirklich bereit ist und losreiten möchte.

Der Schritt ist schwer zu sitzen! Mit mangelhafter Losgelassenheit unmöglich! Eine vieldimensionale, zwar nicht schwunghafte und dennoch schwingende Gangart.

Was ist zu tun? Sie können sich in den normalen Mittelschritt des Ihnen zur Verfügung stehenden Pferdes »einsehen«. Dabei ist besonders darauf zu achten, dass es mit Sattel, mit dem Reiter auf seinem Rücken und mit aufgenommenen Zügeln weiterhin sich selber ähnlich und im Bewegungsablauf geregelt und natürlich aussieht. Es ist ein Eindruck. Ein Vergleich mit dem natürlich wandernden Pferd und dem gerittenen.

Ich selber halte wenig von Gymnastik für den Reiter und ähnlichem, wenn das Pferd dabei involviert ist. Ich setze auf Schulung von Aufmerksamkeit und Information vom Gleichgewicht, zum Beispiel, ob das Pferd die Augen und das Ohrenspiel auf den Reiter gerichtet hat oder nur auf den Weg; ob das Pferd Lust hat zur Bahnarbeit.

An den Reiter gerichtet: Deine Bedenken zeigen sich im Augenausdruck, lass die Blicke

■ *Der erwachsene Reitanfänger braucht Zeit, um die nötige Losgelassenheit in seinem Sitz zu erreichen.*

schweifen, wenn Du Deinen Hals feststellst, wird Dich Dein Pferd in seiner eigenen Halsformung kopieren. Nimm mit Deinen Fußsohlen eine Beziehung zum Hinterbein des Pferdes auf, während es abfußt.

Das Gesäß des Reiters für das Schrittreiten einzurichten, funktioniert am ehesten auf einem Pferd, das im Schritt geführt, longiert oder als Handpferd geht. Der Zügel sollte für den Reiter als Balancehilfe keine Rolle spielen, da wir nur im losgelassenen Körper die angemessene Zügelhilfe für das Schrittreiten finden.

Noch tiefer ist die Wahrnehmung beim »Reiten mit geschlossenen Augen«. Lenken Sie dabei Ihre Aufmerksamkeit auf Ihren Körper/Ihre Knochen, der/die durch die Bewegung des Pferdes bewegt wird/werden. Lassen Sie Atem finden. Sie werden in allen Knochen bewegt und spüren die vielfache Dimension im Schreiten des Pferdes. Das Pferd spürt Ihr Wiegen, Ihr Sich-bewegen-Lassen.

Dasselbe gilt für das Pferd. Das anatomisch günstige Schrittreiten auf der Basis von Natürlichkeit unterstützt alles Reiten. Der verhinderte Schritt macht die echte (natürliche) Durchlässigkeit und Information kaputt. Dieser »echte« Schritt muss unbedingt auf verschiedenen Böden stattfinden, um die Veränderung in der Anpassung der Balance zu ermöglichen. Auf der Basis von Natürlichkeit muss das Pferd ohne Reiter das Gehen auf verschiedenen Böden üben. Unser Hofplatz, unsere Ausläufe haben unterschiedliche Untergründe: Recycling-Boden, Beton, Kopfsteinpflaster, Sandplätze tief und weniger tief (unter Wasser oder nicht),

Junge Pferde und junge Reiter können den Schritt am Zügel leichter lernen, wenn jemand nebenher geht (Walking).

Gras. Ich weiß von jedem Pferd, ob und wie es auf jedem dieser Böden laufen kann. Der Reiter lernt, seinen Eindruck mit der tatsächlichen Belastbarkeit des Pferdes zusammenzufügen.

Jetzt hätten wir einen Reiter, der mit geschlossenen Augen, mit jedem Anspannen des Körpers den Schritt fühlt und seine Reiterhände kontrolliert selber einbringen kann. An dieser Stelle teilen sich berühmte, versierte, erfolgreiche und körperfreundliche Reitmeister in zwei Richtungen:

1. Der lösende und versammelnde Schritt wird vom ersten Einrichten nach dem Aufsitzen an gleich in Anlehnung und am Zügel geritten. Sogar im Gelände lernt das Pferd,

wie bei einer Parade zu gehen, wobei Geländereiten auch eher heißt, den beigezäumten Schritt zu reiten.

Das Reiten in Anlehnung zieht sich bis zum Absitzen durch. Dem Pferd wird mit dem permanenten Reiten, Schritt am Zügel über Stunden, Monate und Jahre unendlich Zeit gegeben, sich innerhalb der schwunglosen Bewegung elastisch schwingend einzurichten und für schwungvolle Bewegungen in Trab und Galopp stark zu machen. Was nicht gelingt, wird sofort unterbunden. Nur das, was gelingt, wird vom Pferd gespeichert. Dem Reiter gegenüber wird entweder resigniert: »Der lernt das nie!« oder es wird von ihm erwartet, dass er sich den Anforderungen geschmeidig stellt und dabei ruhig und heiter denkt.

Auf der Grundlage gelöster Lockerheit seitens des Reiters ist diese Methode des Schrittreitens und den Schritt zu trainieren, sehr erfolgreich. Wesentlich dabei ist, dass der Reiter auch noch fühlt, ob das Pferd durch Unruhe, Angst oder Müdigkeit noch gelassen konzentriert mitarbeiten kann. Wesentlich ist auch, ob das Pferd in seinem Nervenkostüm das Trainieren in vorgegebenem Guss und vorgelegter Form über einen längeren Zeitraum aushält. Der Leitsatz dazu mag wieder sein: »Sie siegen in allen Formen.«

Verändern sollten Sie diese Verfahrensweise, das Pferd nur im Schritt in Anlehnung zu trainieren, wenn das Pferd sein Gangmaß verliert, d.h. Stechschritt paradiert, Pass oder sehr gebunden geht. Auch wenn es im Nervenkostüm diese Trainingsabfolge nicht mitmacht und an jeder Ecke »explodiert« oder »herumspukt«, passt dieser Trainingsaufbau nicht! Es ist dabei unerheblich, ob im

■ *So lange sich der Reiter noch »fest« fühlt, ist es ganz schwierig, das Pferd an den Zügel zu reiten.*

Kopf des Reiters Unruhe ist oder das Pferd anders aufgebaut werden will. Bleiben Sie bei diesem Vorgehen nur, wenn das Pferd mitmachen will.
Wenn der Reiter tendenziell ängstlich, fest, steif oder geistig unruhig ist, geht nach meiner Ansicht der Trainingsaufbau »über Pferd im Schritt permanent am Zügel« nicht, weil das Pferd dabei schlechter wird (die Natürlichkeit) und der Reiter immer weniger fühlt.

2. Andere Reitmeister lehren es – und das ist auch eher meine Version: Der Schritt wird am hingegebenen Zügel geritten. Der Zügel ist dabei genügend lang und an der Schnalle angefasst. Die Hände bilden trotzdem den Zügelkanal bewusst eher mit beiden, wie aus einem Handschuh, geführten Händen tief oder auch mal breit eingestellt und tief. Zu keiner Zeit und auch nicht, wenn das Pferd taumelt, stolpert oder sich gemäßigt erschreckt, sollte der Reiter den Zügel plötzlich annehmen oder sich am Zügel festhalten. Sie stören damit das »Kraulen« des Pferdes.

■ *Suchen Sie das Zügelmaß mit Zeit und Gelassenheit ...*

Das heißt Sich-Einrichten in der lang gedehnten und trotzdem aufwölbenden Form. Diese Form hat das Pferd ohne Reiter schon gelernt und erfahren und bringt sich mit Reiter neu so ein, als gäbe es keinen Reiter. Der Reiter lernt, sich unauffällig zu verhalten und gleichzeitig seinen Körper in Einzelpartien zu spüren und einzubringen. Davon profitiert er beim Reiten mit dem aufgenommenen Zügel und ebenso das Pferd. Einer meiner Lehrmeister sagte: »Spare den Schritt am Zügel. Wenn Ihr die zwei Minuten in der Prüfung den Schritt am Zügel nicht reiten könnt, könnt Ihr überhaupt nicht reiten.« Das ist auch ein Standpunkt.
Was macht das Reiten am hingegebenen Zügel für den Reiter so schwierig? Erstens geht es nur, wenn ich fühle und weiß, dass mein Pferd gut tut. Wenn mein Pferd einen »Vogel« hat, mache ich vom Reiten am hingegebenen Zügel keinen Gebrauch. Zweitens geht es für den Reiter nur, wenn er die Sitzpositionen in gradueller Ausführung beherrscht, da ihm sonst seine Hände, Schultern und der Oberkörper nach hinten wegflattern (»Meine Arme sind zu kurz!«).
Drittens braucht es für ein Training von Pferd und Reiter mit dem Inhalt »Schrittreiten am hingegebenen Zügel« und dem Ziel, höhere Ausbildungsstufen erreichen zu wollen, die Geduld, Gleichgewicht wirklich zu erreichen: ZEIT – GELASSENHEIT – RAUMORIENTIERUNG – DEHNUNG – ANPASSUNG – KÖRPERBEHERRSCHUNG.

3. Im Sinne von Gleichgewicht ist die am meisten verbreitete Version, den Schritt zu reiten, nicht tolerierbar. Ich nenne es die halbherzige Form oder die des Unterwerfers. Dem Pferd wird der Hals krumm gemacht, wie der Gartenschlauch auf seinen Ständer eingerollt wird. Zwingend und eng und dauerhaft. Das nenne ich die Form des Unterwerfers. Das Pferd kann nichts mehr sehen und aufgrund eines verspannt, verrenkten Halses auch nichts mehr fühlen. Sein Augenausdruck dazu ist meist introvertiert, erloschen resigniert oder gar aggresiv. Der »unreife« Reiter greift zu dieser Form genauso wie viele Profis. Sogar springen soll das Pferd häufig in dieser Haltung, ohne viel sehen zu können oder die Nase nach vorne zu bekommen. Ich mag und lehre diese Art der Umsetzung des klassischen Reitens nicht, da damit auf die Mitarbeit des Pferdes verzichtet wird. Der »verrenkte Hals« zieht einen geschwächten Rücken nach sich und ist daher eher ungesund. Ich erlaube es nur, wenn das Pferd tatsächlich rotzfrech ist und den unerfahrenen Reiter sonst im Regen stehen lassen würde. Zu Recht ist in der Presse diese so genannte »Rollkur« in die Kritik geraten. Doch häufig ist sie auch mit dem so genannten tiefen Einstellen verwechselt worden. Letzteres kann man für viele Pferde als günstig erachten, da alle Positionen aus einem umherschauenden Kopfrollen natürlich sind. Die halbherzige Form wird oft mit »dem Schritt am langen Zügel« verwechselt.

Der Reiter spürt das Pferdemaul und drückt irgendwie auf den Zügel oder setzt Paraden ein, während das Pferd sich drauflegt, dage-

Lektionen im Schritt erhalten beim Pferd Ruhe, Antritt und Rhythmus.

genstemmt oder wehrt. Hierbei wird das Pferd eigentlich immer hartmäulig und entwickelt eine verkrampfte Hals- und Rückenmuskulatur.
Der Reiter verpasst das Gefühl und das Bild zu der Bewegung und speichert die gesamte Trainingsabfolge falsch ein. Nur den Zügel aufnehmen und irgendwie einwirken, ist bei einem Reiter (egal ob Freizeitreiter oder Sportreiter) ein Vorgehen bar jeder Information oder dem Gleichgewichtsgefühl und daher halbherzig. Ich lasse keinen Reiter mit halbherziger Zügeleinwirkung auf meine Pferde einwirken.

4. Der Schritt wird unterteilt in den gerittenen Mittelschritt, versammelten Schritt, starken Schritt und Lektionen im Schritt. Das Pferd in seiner Exterieur- und Gangmaßbewertung soll einen raumgreifenden Schritt haben und weit mit den Hinterhufen über den Abdruck der Vorderhufe untertreten können. Ich selber meine, dass es, wie vorher beschrieben, eine so hohe Kunst ist, den Schritt am Zügel aus dem mitgehenden freien Körper heraus überhaupt qualitätsvoll zu reiten, dass im Unterricht und Beritt mit Variationen aus dem Schritt respektvoll dosiert umgegangen werden muss.
Ob der Schritt in der Gesamtbalance des jeweiligen Pferdes verkürzt, verstärkt oder natürlich und aktiv unter Beibehaltung der Losgelassenheit gelingt, ist dann nicht die Ausführung einer Norm, sondern hängt vom gesamten Zusammenspiel im Körper eines Pferdes in seinem Rassetyp oder individuellen Gebäude ab.

Kompetent, bewusst und beweglich reiten Sie den Schritt:

- wenn das Pferd ohne Reiter auf verschiedenen Böden schreiten kann.

- wenn sich der Reiter am hingegebenen Zügel mit geschlossenen Augen das Hineinwiegen in den Schritt bewusst einverleibt hat und das Pferd dazu spürt.

- wenn Sie verschiedene Einstellungen für den Hals bei Pferd und Reiter spüren, einrichten und unterscheiden können.

- wenn der aufgenommene Zügel und der aufgenommene Bügel die wechselseitigen Bewegungsmerkmale vom Schritt nicht stören.

- wenn der Reiter Angst, Überforderung, Müdigkeit und Übermut beim Pferd erkennt und auseinander halten kann und seine eigene Konzentration da ist.

- wenn Sie jedes halbherzige Parieren und jedes Aufrollen oder Zusammenziehen des Pferdes als ungesund und unpraktisch eliminieren.

2. Vom Suchen und Finden des Trabes

Mit dem qualitätvollen Trab verhält es sich relativ einfach. Es handelt sich um die »Wandergangart« des Pferdes. Pferde traben gerne und können einen recht engen Raum gut im Trab begehen, z.B. 12 x 17 m. Im Gelände kann man lange Trabphasen zur Regulierung von Übermut und Schreckhaftigkeit einsetzen oder das Pferd durch genügendes Vorwärtsreiten, im so genannten Geländetrab, insbesondere im Rücken, aber auch insgesamt, durchlockern. Der etwas feste und klemmige Sitz des Reiters mit dem mehr oder weniger stark ausgeprägten Festhalten am Zügel, behindert das Pferd im Trab am ehesten nicht.

Durch den Zweitakt im beiderseitigen Vor- und Zurückheben eines jeweils diagonalen Beinpaares sind beide Körperhälften des Pferdes gleichzeitig beteiligt und nehmen den Reiter mit. Auch ein relativ zielsicheres Geradeaus wird durch die diagonale Gleichzeitigkeit nicht so erheblich störauffällig.

Doch in der Chance liegt auch eine gewisse Gefahr. Wenn wir nicht vom Gebrauchsreiten reden, z.B. in Tibet über den Saumpfad oder auf dem Urlaubspferd in Norwegen zu reiten, dann ist das spektakulär Auffallende am Schaupferd sowie am Sportpferd, der gewaltig im Gangmaß verbessert herausselektierte, hingezüchtete Trab in seinem Raumgriff. Die Barockpferderassen hatten diesen Trab im Raumgriff nicht. Da sie bequemer zu sitzen sind und waren, wurde die Knieaktion und eine andere, sitzbequemere Bewegungsübersetzung ihr Unterscheidungsmerkmal zum Warmblut oder Vollblut mit deren lang vorausgreifendem, schlanken Trab.

Doch bei Lusitanos, bei Quarter-Vollblut-Kreuzungen und sogar bei Isländern, Haflingern oder Fjordpferden, den Classic-Shettys und anderen, überall geht das Züchter-, Vermarktungs- und Käuferherz durch, denn siehe da: Das prämierte Pferd kann besser traben als die anderen, d.h. bei vermehrtem Untertreten hinten, greift es weiter nach

Der Trab ist eine Gangart in diagonaler Gleichzeitigkeit.

vorne durch. Chance als Gefahr heißt dann nur: Dieses Pferd ist schwieriger zu sitzen und erfordert eine höhere Bewegungsbereitschaft in den Gelenken und Wirbelkörpern des Reiters.
Wenn ich es so haben will, kann ich solch ein bewundertes Pferd auch kaufen; wenn ich es nicht so haben will, empfehle ich z.B. einen Lipizzaner, einen Tölter oder einfach ein nettes »rundes« Pony anzuschaffen.

Was kann ich tun? Was muss ich vermeiden?

Schätzen Sie sich selber ein.

A) Wie viel Beweglichkeit tut Ihnen auf dem Pferd gut?
B) In welcher Sitzposition wollen Sie gerne überwiegend reiten?

Zu A): Ein ganggewaltiges Pferd erfordert Ihre hohe Bereitschaft, beweglich zu sein. Schließlich wollen nicht Sie dafür verantwortlich sein, dass sich Ihr Traumpferd wegen Ihnen – »nur« – wie ein Freizeitpferd bewegt.

Zu B): Ich selber habe eine große Freude im Variieren der Sitzpositionen und spüre zu jeder Zeit den Rücken meines Pferdes. Dennoch ist auch meine Beweglichkeit mit zunehmendem Alter reduzierter und einen Grand Prix gewaltigen Trabaktionismus muss ich nicht mehr selber unter dem Sattel kreieren. Auch mit meinen 1,65 m Körpergröße erfreue ich mich am mittelgroßen Warmblutpferd mit ordentlich entwickeltem Vermögen im Trab.
Welche gleichgewichtsstörenden Merkmale im Bezug auf den gerittenen Trab kann ich Ihnen mit auf Ihren reiterlichen Ausbildungsweg geben? Wie Sie wissen, gibt es ein »Geheimwissen«! Die Lehre der alten Meister – und davon den »Nebensatz«.

Ein Traumpferd, das nicht nur Freizeitpferd sein will – es kann mehr ...

1. Es entstehen viele Taktfehler im Übergang vom Schritt zum Trab. Das Pferd hüpft arhythmisch in den Trab hinein oder es verhält sich teilweise zügellahm. Dieser »Fehler« wird häufig vom Reiter nicht bemerkt und da er nicht korrigiert wird, setzt er sich schnell fest. Wenn er erkannt ist, ist Folgendes zu tun: Starten Sie Ihre Konzentration und besinnen Sie sich, wann Sie antraben wollen. Bleiben Sie im mitgehenden, nachfolgenden Sitz, der sich in Ihnen aus dem Reiten mit geschlossenen Augen ergeben hat. Schließen Sie in Vorbereitung und Ausführung je ein-/zweimal beide Beine, und geben Sie die kaum hörbare Stimmhilfe »Trab«. (Sie können auch leise mit der Zunge schnalzen – schließlich wechseln Sie vom Schritt als schwungloser, zum Trab als schwungvoller Gangart.) Mit der auch fast lautlosen Stimmhilfe wird Ihr »inneres Videoband« gestärkt zur klaren wirklich gemeinten Bewegungsvorgabe.

2. Ein weit verbreiterter Irrtum liegt darin, beim Antraben mit den Reiterhänden nachzugeben. Ein Pferd läuft dadurch gewissermaßen nach vorne ins Leere. Dadurch entsteht eine zu große Rahmenerweiterung, die zu einem Balanceverlust führen kann. Antraben ist in der Hilfengebung ähnlich dem Anhalten. In den Hüftgelenken kommt der Reiter jedoch nicht zur statisch beruhigten Position, sondern bleibt motorisch passend bewegt zur Intention ins Vorwärts. Das Abfedern und Abstoßen des Pferdes am aushaltenden Zügel wird möglich, da der Trab weniger Platz im Zügel zur Einrahmung des Halses braucht als der Schritt. Das Nachgeben nach dem Antraben kommt vom Pferd aus und wird mit einem Nachgeben aus der Reiterhand dann erst belohnt und zur Selbsthaltung hin überprüft. Aushalten der Hand also zum Antraben und nicht ein Wegwerfen der Zügel nach vorne ist die Balancehilfe zum Trab.

Auch das gegenläufige Vorgehen ist balancestörend. Wahrscheinlich aus Angst vor der eigenen Courage im Tempo oder aus Angst, das Pferd nicht »zusammenhalten« zu können, werden viele Pferdehälse mit zurückgeführten Reiterhänden zu eng aufgerollt. Der Hals kann dann nicht mehr als Gegenbalance zur Bewegung vorfallen, und der Kontakt von der durch Überdehnung schmerzenden Halswirbelsäule zum Pferderücken wird weniger. Wenn der Rücken nicht locker ist, kann das Pferd in der Hinterhand nicht untertreten und in der Schulter nicht seinem Talent entsprechend vorgreifen. Nach und

■ *Das Aussitzen im Trab können Sie dosieren. Die relative Versammlung des Pferdes wird durch den Ausbindezügel zu Recht unterstützt.*

nach wird das Pferd reduziert, sparsam im Körpereinsatz und verliert an Raumgriff und Geschmeidigkeit. Bei ansehnlich aufwändiger Aktion trotz aufgerolltem Hals und gegen die Bewegungsrichtung einwirkender Reiterhand überdehnt und überstrapaziert das Pferd in einzelnen Körperregionen, z.B. den Sprunggelenken, dem Rücken oder dem Hals selber und verschleißt.

3. Ich empfehle gerade im Trab das dosiert minimierte Einsitzen und Aussitzen bis hin zum selten und sehr bewusst einzusetzenden Schwersitz. Die die Bewegung ausschwingende »Unterstützungsfläche« Pferd ist zu selten auf den Punkt genau harmonisch ausgependelt und nur um diesen Zeitpunkt zu unterstützen und zu variieren, sitzt der Reiter aus. Ansonsten wird er selber zu unharmonisch auf dem Pferd durchgerüttelt und gibt über zu viele kraftaufnehmende Elemente in seinem Sitz und in seiner Hilfengebung zu viele »verbremsende« Faktoren in die Entfaltung vom Trab mit hinein. Der Bereiter Michael Bünger (gleichzeitig Berufsschullehrer der Pferdewirt-SH) empfiehlt in seinem Reitkurs den Eleven: »Das Pferd ist der Schokoladenpudding und Ihr seid die Vanillesauce obendrauf, »ohne Klümpchen!« Das ist gar nicht so einfach, »ohne Klümpchen«, wenn das Pferd sich nicht wie ein Schokoladenpudding verhält. So lange können wir Leichttraben und während des Dressurtrainings einige Phasen im Entlastungssitz mit graduellem Annähern an das entlastende Aussitzen absolvieren. Auch beim Aussitzen können wir den Schwersitz und das Kreuzanspannen achtsam einsetzen sowie ein Höhertonisieren und Abspannen mit der Bereitschaft und Kraft des Pferdes wechseln.

4. Das Pferd soll sich seinem Ausbildungsstand und Talent entsprechend mit dem Gewicht des Reiters auf seinem Rücken im Trab »zurechtlaufen«. Es ist der Schokopudding, der Reiter stellt die Vanillesauce dar.
Im Training kann an diesem »Zusammenspiel« gearbeitet werden. Der Reiter bestimmt die Richtung – wie der Surfer, der auf seinem Brett unterwegs und mit dem Brett im Einklang ist.
Es gibt jedoch viele Faktoren, durch die das Pferd zu einem »Schokopudding mit Klumpen« wird. Es macht sich zum Beispiel im Rücken so fest, dass es seinen Reiter »die Vanillesauce«, um bei diesem Bild zu bleiben, schlecht sitzen lässt oder ihn »wirft«. Leider haben sich viele Reiter von Warmblütern und Ponys daran gewöhnt, dass sie ihre Pferde »schlecht sitzen« lassen. Tatsächlich haben sie auf ihrem eigenen Ausbildungsweg nie oder nur selten spüren dürfen/können, wie ein »gutes« Pferd sie in seinen Schwung mit hineinnimmt. Daraus resultiert das mangelhafte Gespür eines Reiters für ein »im Fluss« trabendes Pferd. Sie können diesem Gefühl dann nicht nachreiten, weil es ihnen fehlt.
Dieses fehlende Gespür und Gefühl erlangen Sie nur in Privatstunden und Reiteinheiten auf einem tollen und zentriert schwingenden Pferd. Auf ihm können Sie Ihren »Popometer« schulen. Gönnen Sie sich das z.B. in einer Ferienreitschule »klassischer Ausprägung« mit hohem Anspruch. Oder

Laden Sie den Reiter zum Essen ein, der Sie auf sein hoch ausgebildetes, gut ausbalanciertes Pferd lässt.

fragen Sie einen Vereinskameraden, ob er sie einmal auf sein nicht nur hoch ausgebildetes, sondern vor allen Dingen sehr gut ausbalanciertes Pferd lässt. Wenn er Sie lässt, dann ist das eine hohe Auszeichnung für Sie, und Sie sollten ihm mit großem Respekt gegenübertreten. Denn Balance ist störbar und sollte nur selten infrage gestellt werden.

5. Null acht fünfzehn Hufbeschlag kann die Balance des Pferdes, verursacht durch eine Schonhaltung im Auffußen, erheblich beeinträchtigen. Siehe Kapitel Reiterfüße – Pferdefüße. Dasselbe gilt für verwahrloste Barhufe oder solche, die falsch oder zu heftig ausgeschnitten wurden.

Ich spüre es ganz besonders im Trab, wenn einem Pferd die reine Stallhaltung nicht gut tut oder wenn es »überhafert« wurde. Seine Verkalkungen, Arthrosen und Muskelübersäuerungen erkenne ich dadurch, dass es nicht bzw. dadurch, wie es schwingt. Sie können ebenfalls lernen, den Gesundheitszustand des Pferdes zu bewerten und Arthrosen oder andere Steifheiten zu spüren. Ich meine dabei auch, dass ein angestrengt aussehendes, hölzernes »Die-Beine-in-die-Luft-Reißen« nicht einem Schwingen gleichkommt und daher einem losgelassenen Trödeln und »Joggen« nur minutenweise vorzuziehen ist.

Ich kann über das Schwingen des Pferdes im Trab entscheiden, ob das Pferd mit einer Diagnose – z.B. Chip, Spat, Kissing Spine, Gleichbeinveränderung oder Hufrollenentzündung – wirklich chronisch lahm ist. Das Schwingen des Pferdes aus seinem Rücken im Trab zeigt mir, ob das Pferd trotz eines Befundes »nur« einen Störfaktor und damit Schmerzerzeuger im Bewegungsapparat hat, der wieder behoben werden kann.

Chronisch lang anhaltenden Verschleiß kann ich über das mangelnde Schwingen im Trab ebenfalls spüren. Solche Pferde reite ich (als Reitlehrerin) selber nicht mehr. Sie können aber durchaus noch als Lehrmeister oder einfach als Freund ihren Dienst tun.

Wie konnte ich lernen, das Schwingen des Pferdes im Trab zu erspüren und zu beurteilen und daraus seinen Gesundheitszustand zu bewerten?

Meine ersten Reiterfahrungen konnte ich auf »schwingenden Pferden« machen, das Gefühl, das ich auf ihnen hatte, konnte ich verinnerlichen. Das waren bei weitem keine teuren Pferde, aber dafür qualitätvolle. Später hatte ich über einen längeren Zeitraum viele unterschiedliche Pferde. Ich wechselte die Beschlagsarten, wechselte die Tierärzte, dadurch konnte ich viel lernen.

Die Pferde änderten sich z.B. durch verschiedene Beschläge. Mal wurde Stress für das Pferd abgebaut oder aber aufgebaut. Entsprechend veränderten sich die Pferde.

Der Gesundheitszustand des Pferdes kann daran bewertet werden, wie es im Trab schwingt.

■ *Auch die Pferde lieben Schautage. Sie sind dann im Alltag stressfreier und freudig belastbarer.*

Ein übereilig verspannt, besorgtes Hinhören auf die Reiterhilfen, meist mit flacher Atmung, macht ein Pferd ebenso fest wie ein zu enger Beschlag oder ein verfaulter Strahl. Begegne ich den Störfaktoren, kann ich in einem Zeitraum von bis zu drei Jahren – trotz schlechtem Befund – aus einem kranken Pferd ein schwingendes und relativ belastbares Pferd machen. Trainingsaufbau, Haltung und Ansprache des Pferdes müssen entsprechend angepasst werden, ebenso wie die eigene Einstellung zum jeweiligen Pferd.
Am Auge des Pferdes lässt sich ebenfalls viel erkennen. Dort zeigt es mir an, ob es an seinen Schmerzen verzweifelt, resigniert hat oder ob es neue Kraft gewinnt.

6. Das Reiten von Übergängen vom Schritt – Trab – Schritt ist wegen des Balancewechsels eine wunderbar regulierende Maßnahme für maximale Selbsthaltung und Versammlung im Trab. Ziehen Sie die Übergänge diszipliniert durch: nach dem Trab 10 m Schritt, dann wieder 20 m Trab, bervor man erneut 10 m Schritt reitet. Sehr häufig verliert der Reiter die Konzentration und trabt einfach nur in der Bahn herum, als wäre er gerade auf einem langen Waldweg unterwegs.
Wenn Sie Ihr Pferd kennen und es sich kraftvoll dabei einrichtet, können Sie es in der Lösungsphase abtraben und dabei nach und nach aufbauen. Ihr Ziel dabei ist es, dass das Pferd sich in der Atmung findet und zum Abschnauben kommt. Weiterhin kann es im Verdauungstrakt durch langes Im-Stall-Stehen oder zu gering dosierte Bewegung aufgestockt sein. Ihr Ziel ist dann, die Darmperistaltik in Gang zu bringen. Ein Abäppeln des Pferdes ist auch ein Zeichen dafür, dass es zur Arbeit bereit ist.
In dieser längeren Trabphase am Anfang kann das Pferd sich einlaufen oder »zurechtlaufen«. Wenn es im Rücken und durch die

Reiterhand nicht gestört wird, wird es beim Abtraben seine Glieder und seine Wirbelsäule durchlockern. Ich setze voraus, dass das Pferd keine Schmerzen hat, die es zur Schonhaltung und Mattigkeit veranlassen. Ein schlecht sitzender Sattel oder falsch angepasste Hufeisen könnten solche Schmerzen leicht hervorrufen.

Des Weiteren sollte das Pferd an seinem »Arbeitsplatz« keine Angst empfinden oder beunruhigt sein. Angst könnte es z.B. vor anderen Pferden haben, vor seinem Reiter oder dem Reitlehrer. Manchmal stufen Pferde auch das Trainings-Areal, vielleicht weil sie es nicht kennen, als erschreckend ein.

Die Pferde zeigen Ihnen gerne, ob sie abgetrabt werden wollen oder ob sie in dieser Reiteinheit durch das Auseinanderfallen schwächer werden. Sie haben die Wahl: Sie können ohne Lösungsphase im Trab durch Übergänge Schritt – Trab – Schritt das Pferd stark machen. Sie richten es dabei wiederholt so ein, dass es auf der Hinterhand mehr Last aufnimmt. Das ist Ihre Intention. Das Pferd macht dabei mit.

Wenn das Pferd quietscht, herumspukt, ständig den Takt verliert oder im Schritt schlechter wird, könnten Sie ihm erst einmal eine Lösungsphase im Arbeitstrab anbieten. Haben Sie dabei keine Angst vor dem Balanceverlust, denn wir verlieren in jedem Augenblick das Gleichgewicht, nur um es wieder neu zu finden.

Es ist nicht wesentlich, das Gleichgewicht ständig zu erhalten, sondern immer auf der Suche danach zu sein.

Diese Suche muss unterlegt sein von Information darüber, wie Balance zu finden ist. Wenn Sie »dogmatisch« reiten, befinden Sie sich auf einem Irrweg. In manchen der Lehren werden alle Pferde dogmatisch in die Versammlung mit dem häufigen Reiten der Übergänge »hineingehalten«. Einen freien Körper kann man auch sehen. Ein Pferd, das in der Muskulatur hart und fest ist wie ein Marathonläufer oder wie ein Rennpferd am Start, kann Dehnung nicht mehr zulassen und die Gangentwicklung wird begrenzt sein. Versammlung hat dann nur noch den Sinn der Unterordnung, z.B. für einen schwachen Reiter und nicht mehr das Ziel, Kraft einzurichten für mehr Ausdruck und mehr Bewegungsentfaltung, während »das Pferd mit Reitergewicht so laufen kann, als gäbe es den Reiter nicht«. (Michael Bünger, Bereiter FN).

■ *Wechseln Sie den Untergrund, auf dem Sie reiten. Ohne Beschlag kann man im Schnee sehr gut reiten.*

Ich habe mehrere Möglichkeiten, den Trab des Pferdes zu entwickeln und zu verbessern.
Meistens verliert das Pferd mit Reitergewicht erst mal an Kraft, deutlich sichtbar am Gangbild im Trab.

a) Auf verschiedenen Böden zu reiten, gewöhnt die Hufe an die unterschiedliche Belastung durch wechselnden Untergrund. Das Pferd lernt, sich ausbalanciert auf verschiedenen »Wegen« zu verhalten.

b) Beobachten Sie dabei, ob das Pferd belastbar gesund ist, sonst sollten Sie Schritt reiten.

c) Das Klettern bergauf und bergab sowie das Training auf einer Hangbahn mit Gefälle sind hervorragend dafür geeignet, den Körper frei zu machen und den Trab deutlich zu verbessern.

d) Lassen Sie Ihr Pferd wassertreten. Einer meiner Außenreitplätze ist immer sofort überschwemmt und mutiert wochenlang zu einer »Seenplatte«. Dennoch gehen die Pferde, wenn sie auf der großen Koppel sind, gerne in die »Seenplatte« hinein. Einer planscht, einer schnorchelt, einer trinkt, einer wälzt sich darin! Genauso gut können Sie darin longieren oder mit dem Pferd durchtraben. Das Pferd zeigt dabei mehr Knieaktion und kommt besser über den Rücken.

Für meine Reiter vom Ponyclub habe ich im März 2006 einen Trainingstag am Ostseestrand veranstaltet. Eineinhalb Stunden Transport, eine Reitstunde in der Halle zum Überprüfen der Rittigkeit, einen anderthalbstündigen Ausritt am Strand mit einem Stopp, um schwächelnde Reiter abzuladen, und weitere zweieinhalb Stunden Ausritt mit Finale am tiefen Sandstrand. Dabei ca. 500 m Trab im knietiefen Wasser und abschließendem Strandrennen im Jagdgalopp. Eineinhalb Stunden Fahrt zurück. Das jüngste Pferd war vier Jahre alt, das älteste 26 Jahre, ein Isländer. Am nächsten Tag war ein Stehtag verordnet. Ich schaute mir alle meine Pferde an, als sie auf die Weide gingen, um einem eventuellen Muskelkater mit einer Verabreichung von Arnika oder Traumeel bzw. einer Körperanwendung zu begegnen.

Nach einem langen Ritt am See: Beine kühlen erhält gesund und schult das Gleichgewicht.

Alle Pferde spielten taufrisch herum und hätten genauso gut geritten werden können. Die Pferde kamen abtrainiert aus dem langen Winter. Der Strandtag war ein erstklassiger Saisonauftakt, da die Pferde danach psychisch und körperlich vollkommen aufs Reiten eingestellt waren. Dass es dabei keine Überlastungsmerkmale gab, führe ich auf die Minusgrade im März 2006 zurück und den Wechsel zwischen tiefem Sandboden und Trab im Wasser der Ostsee.

Wassertreten für die Gleichgewichtsschule und für die Gesunderhaltung des Pferdes wird erstaunlicherweise in den meisten Betrieben nicht vorgesehen. Dabei wäre das Einrichten einer meterlangen künstlichen Furt technisch machbar und vom Aufwand her überschaubar.

Wollen Sie den Trab des Pferdes erreichen, den es ohne Reitergewicht zeigt, dann reiten Sie über Bodenricks und Cavaletti. Lehren Sie Ihr Pferd als erstes, seinem Gefühl für die Stangen zu vertrauen oder helfen Sie ihm, es zu verbessern. Es soll sich gerne ohne Angst und Aufregung zwischen und über Stangen bewegen.

Anfangs kann man die Pferde auch über Stangen führen. Die Stangen sollten im geregelten Abstand liegen, um den Rhythmus des Pferdes zu schulen. Ungeregelte Abstände dürfen die Stangen haben, wenn man die Pferde taxieren und den Raum erkunden lässt. Die Stangen können zum Einüben der Höhe und zur Tiefenabschätzung verschieden hoch gelegt werden. Laras dreijähriger Holsteiner Ciacolo hat ein gutes Gespür für Stangen und gelernt, zwischen zwei 30–80 cm parallel auseinander liegenden Stangen auf Kommando langsam hindurchzugehen. Als in der Halle ein Parcours aufgebaut war und

■ *Beim Training mit Taktstangen lernt das Pferd gleichzeitig das Taxieren.*

er frei umherlief, stellte er sich mit den Vorderbeinen von der Seite in einen Oxer hinein und schaute mich abwartend, dennoch auffordernd an. »Es ist besser, jetzt nicht zu trümmern«, sagte ich und mein inneres Videoband gab eine gelassene Haltung in dieser Situation vor. »Langsam, langsam, langsam, Haalt!« Das Stimmkommando, Handzeichen: führen, aufhalten und nachtreiben, wie beim Longieren, wie bei der Zirkusarbeit. Gelassenheit! Ciacolo absolvierte mehrere Oxer quer, war stolz und hatte seinen anregenden Unterricht für den Tag abgespeichert. Der Winter ist lang für ein aufgestalltes, dreijähriges, intelligentes Pferd, aber beim Wechsel der Lerninhalte soll es dennoch nicht überlastet werden.

Bodenricks sind meist bis zu 30 cm hoch und können auf mehrere Höhen eingestellt werden. Der Abstand im Trab beträgt in der Regel 1,10–1,30 m. Sie müssen sich aber nach Ihrem Pferd mit seinem Gangmaß und Rhythmus richten. Unregelmäßige Abstände und schiefe Ebenen nennen wir das »Chaos!« Hierbei werden die Kopf-Hand-Koordination und das Raumgefühl überprüft und geschult. Im Gegensatz zum Springen brauchen Sie bei der Stangenarbeit nicht mit der Hand vorzugehen. Sie können die Stangen im entlastenden Aussitzen oder im leichten Sitz überqueren. Sie können sie in die dressurmäßig Arbeit einbauen oder ins Springtraining.

Sie können das Pferd ausgebunden oder unausgebunden an der Longe oder in der Ovalbahn darüber trainieren. Das Pferd nimmt sich dabei so viel »Reiterhand« wie es braucht, und Sie bestärken das Pferd an der Stelle, wo es im Trab bei Dehnung im Hals schwingender, raumgreifender und mehr über den Rücken gehend hintritt.

Eine wunderbare Übung ist das Reiten von Übergängen innerhalb einer Gangart. Wechseln Sie vom versammelten Trab zum Arbeitstrab in Richtung Mitteltrab und nehmen Sie anschließend das Tempo wieder zurück. Wechseln Sie alle zwanzig Meter. Sehr gut ausbalanciert finden Sie sich auf dem Mittelzirkel. Sie sollten sich dabei fühlen, als würden Sie mit dem relativ versammelten Pferd am Zügel über zehn Cavaletti traben.

Ihre Energieausschüttung kommt aus der Übertragung des inneren Videofilmes und der Kraftentfaltung aus der Körpermitte nach vorne. Das fühlt sich in etwa so an, als würde eine Windböe Sie anschieben und Sie wären am Gürtel mit einer Seilwinde gesichert und würden gerade eingeholt. Im unteren Bauchraum und im Beckenboden wollen Sie sich dabei nach vorne stark machen, wie beim Limbotanzen unter einer Stange hindurch und in den Hüftgelenken machen Sie es dadurch möglich und blockieren dort nicht. Übergänge Trab – Trab sollen »Joy of riding« sein. Sie sollen sich daran erfreuen können. Unbequemer braucht es für Sie im Sitz nicht zu werden, sondern nur »machtvoller«.

Kompetent, bewusst und beweglich – Gleichgewicht im Trab zu finden heißt: »Vanillesoße auf dem Schokopudding« zu sein »ohne Klümpchen« oder Surfer auf dem Surfbrett.

- Das Pferd im Gangmaß passend zur eigenen Körperbeweglichkeit zu kaufen.

■ Das Aussitzen zu sparen und zwischen verschiedenen Sitzpositionen zu variieren: Grundsitz, Schwersitz, Entlastungssitz, leichter Sitz.

■ Beim Antraben aus der Zügelhand nicht nachzugeben, sondern zu warten, bis das Pferd nachgibt.

■ Das Pferd im Hals nicht zu eng aufzurollen und mit der Hand nicht rückwärts einzuwirken. Das würde Schmerzen im Hals verursachen und das Hinterbein hemmen.

■ Erleben Sie für Ihr »inneres Videoband« den schwingenden Trab auf einem qualitätsvollen Lehrpferd.

■ Reiten Sie Übergänge vom Schritt → zum Trab → zum Schritt.

■ *Nicht mit der Hand rückwärts einwirken, auch nicht im Galopp.*

■ Gönnen Sie spukigen oder steifen Pferden eine gelassene Lösungsphase im Trab. Sitzen Sie dabei leicht.

■ Reiten Sie auf unterschiedlichen Böden und trainieren Sie in Gelände mit leichtem Gefälle.

■ Schulen Sie den Trab am Strand und im Wasser.

■ Trainieren Sie mit Bodenricks, überprüfen Sie dabei die Stangensicherheit Ihres Pferdes.

■ Machen Sie Trab-Trab-Übergänge auf dem Mittelzirkel.

3. Vom Suchen und Finden des Galopps

Galopp ist modern, Galopp macht Freude, Galopp ist der Sprung zum Springen, ist natürlich – es kann ein Rennen geben, ein Spiel ...
Eltern sagen häufig zu den Kindern: »Ihr sollt nicht die ganze Zeit galoppieren!« Ich sage: »Lasst die Kinder galoppieren, das muss so sein, später trauen sie es sich nicht mehr!« Vor Augen habe ich gesunde und stabile Sportponys, richtige »Mitmach-Typen«. Wehe, es jagt mir einer die alten Pferde herum!

Es gibt zwei Herangehensweisen an den Galopp:
1. Der Reiter gibt an, wann er galoppieren möchte! Das kann nach der dritten Reit-

■ *Diese dreijährige Stute, vom Profi geritten, galoppiert bereits nach der dritten Reitstunde an.*

stunde sein oder nach der 300. Die Voraussetzung dafür ist nur, dass das Pferd galoppsicher und ausgaloppiert ist. Eine erwachsene Anfängerin wollte unbedingt auf ihrem Ex-Rennpferd galoppieren lernen. Das habe ich nicht unterstützt, da das Pferd sehr schnell Nuancen in der Körperhaltung als Aufforderung für ein privates Rennen gegen sich selber verstand oder verstehen wollte. Eine spätere Reitlehrerin hat dieses Vorhaben dann unterstützt. Ich mag also nicht, wenn der Galopp vom Pferd vorgegeben wird und es den Reiter freudig quietschend mitnimmt. In vielen Schulbetrieben geschieht das an Stelle von »richtigem« Unterricht, indem jeweils ein Reiter zum Schluss der Abteilung aufgaloppieren soll. Die Reitanfänger leiten vor Aufregung eine zu frühe und zu starke Vorbereitung ein. Darauf muss der Reitlehrer achten. Oder sie bereiten gar nicht vor und »rempeln« gleich los.

Vorbereitung gehört vor die Ausführung. Nach und nach bekommen Sie Übung in Ihr Reitgefühl, wie viele Meter und wie lange Ihr jeweiliges Pferd an Vorbereitung braucht und ob Sie die Vorbereitung wiederholen müssen: einmal, zweimal, dreimal so tun, als ob und dann geht es los.

Es kann auch sein, dass das Pferd die Lektion »Angaloppieren und Aufschließen« erkannt hat und mit Aufregung, Spaß und Freude diese umsetzt, ohne die Hilfe seines Reiters abzuwarten. Der Reiter ist überrascht, gerät hinter die Bewegung und klammert im Galopp. Das Pferd ist hinten an der Gruppe angekommen. Die Übung ist beendet. Reiter und Reitlehrer sind genervt oder erleichtert. Wenn wir Gleichgewicht abfragen, dann müssen die Unterstützungsfläche und die Last miteinander rhythmisch und taktmäßig harmonieren. Das nennt man dann Timing oder Timen (Taimen). Das Ganze hat eine gewisse Unauffälligkeit. Es ist eben keine Explosion, sondern mehr ein Gleiten. Die Segel müssen gesetzt werden oder die Windböe greift an – und da hinein geht es los. Der Reitlehrer übermittelt dem Reiter nicht nur die Aufgabenstellung, sondern auch das dosierte »Wann«. Dann kann der Galopp gelingen. Den Vorschlag unauffällig, so dass das Pferd das Kommando nicht vorher erkennt. Es kann z.B. beim Abteilungsreiten jeder Reiter nach dem anderen eine unterschiedliche Einzelaufgabe bekommen. Der Reitlehrer kann den aufgeregten Reiter unterfordern, indem er ihn z.B. über eine Kehrtvolte die Richtung wechseln lässt, damit er gegen die Abteilung reitet, evtl. auch nur im Schritt. Den abgelenkten Reiter kann er mit dem Einzelgalopp fordern und das sichere Pferd – den Professor – den Lehrmeister – den Lektionssicheren. Der Reiter lernt so das Timing – den Zeitfluss zu einer Bewegung – und Surfer im Wind zu sein.

Graduelle Variation der Sitzarten je nach Kraft- und Willensimpuls des Pferdes und der geregelten oder ungeregelten Übersetzung des Pferdes sind beim Galopp ein Muss. Bewusstes, dosiertes Anlegen der Beine im Öffnen und Schließen – ein Muss. Das Teilen der Beine zur Schrittstellung – ein Muss.

Der Galopp ist einhändig. Ihre Waden und Füße unterstützen das jeweilige Hinterbein. In Ihren Hüftgelenken kommt der Galoppsprung durch oder Sie lassen ihn stecken bleiben.

Tatsächlich wird vielmals der Galoppsprung blockiert, weil der Reiter die innere Hüfte hinten lässt und feststellt. Dagegen an kann das Pferd nicht laufen oder es versucht, darunter wegzurasen. Gleichmaß der Bewegung von zwei Körpern im Einklang ist das Ziel. Die Unterstützungsfläche – das Pferd – bewegt die Last – den Reiter. Es nimmt ihn mit – aber es läuft auch darunter. Ein unbefangenes Dauergaloppieren kann dem Reiter Zeit geben, dieses Mitgenommenwordensein zu realisieren und dem Pferd Zeit geben, unter die Last – den Reiter – drunter zu

Der Kraft- und Willensimpuls des Pferdes kann einen Balanceverlust nach sich ziehen.

■ *Galoppieren Sie das junge Pferd anfangs unbefangen nach vorne.*

laufen. Meine Lieblingspferde dabei sind »Galoppierer«: Connemara, Vollblut, Quarter, Holsteiner und andere Warmblüter, Welsh und natürlich viele andere. Der »Galoppierer« gibt das her, was den Galopp ausmacht. Den Schwung und den Sprung. Die Lieblingsstrecke geht langlinig geradeaus. Mit Schwung und Sprung die Fliehkraft des Kreises einzubeziehen, ist viel schwerer als der Galopp geradeaus. Meistens wird der Galopp auf einem Zirkel geritten und gelehrt. Der Grund liegt entweder in der Kopflosigkeit, im Davonstürmen unausbalancierter Pferde oder in ihrer Triebigkeit. Der Reitlehrer kann sie besser im Gang halten.

Dem Reiter in der Ausbildung tun wir mit beiden Mängeln keinen Gefallen. Das Reiten im Kreise mit Schwung und Sprung erschwert das Suchen, Finden und Bestimmen von Gleichgewicht im Galopp.

Galoppieren Sie also geradeaus, gerne bergauf. Aber nicht auf dem letzten Kilometer vor Erreichen des Stalls. Alle Sitzarten erlaubt, Freistil erlaubt, alle Sitzarten durchprobiert, Pferd galoppsicher, galoppierfreudig! Denken Sie in Ihre Hüftgelenke hinein – Reiter – in Ihren Beckenboden und unteren Bauchraum. Dort wird galoppiert. Lassen Sie den Sprung durch. Lassen Sie die innere Schulter des Pferdes durch. Suchen Sie das Öffnen des Hüftgelenkwinkels innen, lassen Sie einen unsichtbaren Strom nach vorne fließen. Machen Sie das »Rafting« in den Hüftgelenken mit. Galopp ist Freude.

Die zweite Lehrmethode zum Galopp sowohl für das Pferd als auch den Reiter besteht darin, eben nicht zu galoppieren. Manchmal über Jahre nicht.

Die Gründe liegen darin, dass nur die Chance auf einen ausgreifenden Galopp zugelassen werden soll. Der Galopp könnte schief sein oder auch sonst mehr dem eines Rennpferdes ähneln, das nach hinten heraus Bewegung anschiebt, statt, wie bei der Reitkunst erwünscht, ausbalanciert unter seinen Schwerpunkt tief federnd die Last aufnimmt. Es funktioniert tatsächlich meistens ein Stück weit. Durch das häufige Reiten von Übergängen, vom Halten zum Schritt, vom Trab zum Schritt und zum Halten, wird die Hinterhand gekräftigt. Dabei hat der Reiter es im Schritt und Trab leichter, das Pferd in der geschlossenen Form einzurichten. Wie im Kapitel zum Schritt beschrieben, halte ich den Schritt am Zügel, also am aufgenommenen Zügel, für deutlich schwieriger zu reiten. Andererseits gibt es viele Reiter, die wegen der (vermeintlichen) Schwunglosigkeit den Schritt schon gut sitzen und sich im Galopp verlieren. Tatsächlich möchte ich den Schritt schwingend geritten haben, und das ist für den Reiter durchaus schwierig zu verwirklichen, wenn er sich nämlich nicht im Ganzen vom Pferd durchlockern und tragen lässt.

Für alle Reiter, die den Galopp aus Angst vermeiden, ist das Reiten im Trab und besonders im Schritt eine sehr gute Möglichkeit, den Galopp und dabei erst mal nur das wiederholte Angaloppieren vorzubereiten. Es macht nichts, wenn es Jahre dauert. Tatsächlich gibt es viel mehr Reiter mit Fallangst im Galopp. An ihrem klemmenden Körper und ihrer hektischen oder sehr harten »Bedienung der Zügel«, kann man sie sogar in mittelschweren Dressur- und Springprüfungen erkennen.

Ich bin immer für die Stunde der Wahrheit. Haben Sie Höhenangst und/oder Angst zu fallen, die insbesondere bei größerer Geschwindigkeit schlimmer wird? Sie können sich, das Pferd und den Galopp bereits im Schritt trainieren.

Ich mag das auf die Hinterhand »geboxte« Pferd nicht, das sich gleichzeitig auf die Rei-

Üben Sie das Galoppieren auf einem gut ausbalancierten, gelassenen Pferd.

■ *Natürlichkeit und Gleichgewicht anzustreben macht den pferdefreundlichen, guten Reiter aus.*

terhand abstützen muss. Ich mag nicht, wenn der Reiter im Galopp dem Pferd die Luft aus den Rippen quetschen muss, um sich sicher zu fühlen und sich dabei am Zügel festhält, selbst wenn das Pferd innerhalb der Normen seiner Gesundheit, seiner Leistungsbereitschaft und seiner Erfolge mitmacht.
Ich mag es nicht, weil es sich um einen Kraftakt und nicht um Gleichgewicht handelt. Ich bin ein Fan von Gleichgewicht. Gleichgewicht ist Selbsthaltung. Pferd und Reiter halten sich in sich selbst. Das ist Himmel und Erde aufeinander abgestimmt für jede Bewegung und jeden Vorgang. Die zwei Körper bringen sich in den Fliehkräften und Schwerkräften optimal ein. Das fühlt sich leicht an und doch sicher. Das ist eine neue Kraft. Das ist Naturgesetz. Das ist natürlich. Das ist gesund. Das löst Freude aus!
Pferde über Jahre im Schritt und Trab zu trainieren, beinhaltet die Chance, einen exquisiten, gerade gerichteten, versammelten Galopp herauszuloben. Die Gefahr liegt darin, dass das Pferd hölzern wird oder etwas matt. Es hat das Eigentliche vergessen, nämlich, wie Galoppieren geht. Eine gute Lösung dafür ist es, das Pferd im Gelände galoppieren zu lassen und nur in der Bahn auf Schritt – Trab – Schritt zu beharren. Dadurch bekomme ich die Psyche des Pferdes frei. Losgelassenheit in der Psyche und Losgelassenheit im Körper bedingen sich gegenseitig.
Die Puristen der Lehre ohne den Galopp lehnen den Ausgleich jedoch ab. Ich entscheide von Fall zu Fall. Ich habe mehrere eigene Pferde und viele in Arbeit. Gleichgewicht kennt kein Dogma, aber ein Ziel, das man sehen, fühlen, hören und genießen kann. Es ist intelligent, Gleichgewicht herzustellen. Sie brauchen Information, eine aufmerksame feine Beobachtungsgabe, den Mut zu spüren und zu genießen und den Mut, Ihre Freude gegen Griesgrame durchzusetzen (die gibt es auch in der reiterlichen Welt nicht zu knapp!).
Wenn ich nicht frühzeitig galoppiere, ist das Reiten von Seitengängen eine fundamentale Möglichkeit, das Pferd auf den Galopp vorzubereiten. In den Seitengängen entsteht eine Seitigkeit, die der Reiter vorlegt und dem das Pferd folgt. Dabei läuft es entweder unter das einseitig belastende Reitergewicht drunter. Oder – wenn es das vergisst zu tun – schieben wir es über die Belastung der Außenseite seitlich weg. Es fängt an und hört einseitig vermehrt hin. Der Reiter setzt sich einseitig vermehrt ein und versucht, mit der anderen Körperhälfte nicht zu widersprechen, sondern sinnvoll zu unterstützen. Das

ist dann schon in der Nähe des Galopps. Das bereitet den Galopp vor.

Beim jungen Pferd, in den ersten drei Monaten seiner Ausbildung zum Reitpferd, empfehle ich, den Galopp abzuwarten, bis er von ihm aus angeboten wird. Diesen dann aber dankend anzunehmen und nicht zu unterbinden. Auch für das Pferd ist es anfangs schwierig, das Reitergewicht im Galoppsprung und in der Schwebephase mitzunehmen. Auch beim alten Pferd empfehle ich, sich nach dem Pferd zu richten. Am ersten Weihnachtstag habe ich meinen 27–jährigen Holsteiner Lombard geritten. Er kann am besten Schritt, versammelten Galopp, Traversale, fliegenden Wechsel, wieder Schritt. Im Trab stolpert er eher mal. Nach 30 Minuten ist die Reiteinheit zu Ende. Aber es ist immer noch »Joy of riding« – ein Reiten mit Freude. Andere, insbesondere nicht so weit in der Versammlung herangezogene ältere Pferde, ziehen das Gerittenwerden im Schritt und Trab vor. Ein Ausritt im Schritt ist für sie etwas Wunderbares.

Die Qualitätsbesserung innerhalb des Galopps selber kann wieder über das häufige Reiten von Übergängen Schritt – Galopp – Schritt erzielt werden. Sie können sich dafür einen 10–20 m Zirkel vorgeben und auf diesem Kreis dann arbeiten. Sie können sich auch auf zehn oder zwanzig Meter ein Carré einrichten und so in ein balancierendes Geradeaus kommen. Gleichzeitig kommen Sie so dem wahren Ziel näher, dem ausbalancierten Geradeausreiten.

Beim Reiten eines Mittelzirkels werden Sie besser balanciert, wenn Sie sich das Carré wie eine Salmiakpastille anlegen. Schaffen Sie sich gerade Linien von Zirkelpunkt zu Zirkelpunkt. Verlassen Sie dadurch die Bande. Das zu lange Festhalten an der wunderbar unterstützenden Bande kann Ihre Aufmerksamkeit für das wahre Geradeaus erlöschen lassen.

Üben Sie den Galopp dann weiterhin ein, indem Sie Übergänge innerhalb vom Galopp versuchen. Immer ein paar Galoppsprünge, den Galopp versammelt und dann kraftvoll unter Erweiterung des Rahmens verstärken. Achten Sie dabei besonders auf Rhythmus. Natürlich werden Sie schneller im verstärkten Galopp.

Dennoch handelt es sich nicht um ein Lossausen. Es ist kraftvoll, rhythmisch schneller und immer verbunden mit dem zu einem vorne bergauf durchspringenden Pferd. Es ist nicht so einfach, das Tempo innerhalb weniger Galoppsprünge zurückzuführen! Ich achte auf die Vorbereitung (dreimal so tun, als ob und dann geht es los). Ich achte auf den graduell variierenden Grundsitz pendelnd zwischen Schwersitz, Grundsitz, entlastendem Grundsitz. Ich wähle Unterstützungspunkte aus, z.B. die Ecke am Ende der langen Seite.

Wenn das Pferd das Zurückkommen beherrscht, reite ich die Verstärkung über die Unterstützungspunkte hinaus. Ich achte darauf, mein Kreuz anzuspannen über ein immer größer und länger werden (das »Längen«) abzuwechseln mit dem Kreuz anspannen im Schwersitz, um das Hinterbein zu unterstützen, wenn es unter die »Last drunter springen« will! So wie ich mein eigenes Kraftfeld, meine Körpermitte, unterstütze, so unterstütze ich auch das Pferd über die

Ausatmung für das (Ein-)Sammeln der Kräfte. Ich sage »brrh, brrh« oder »hoh, hoh hoh« durchaus leise, um das Versammeln zu unterstützen.
Meiner Erfahrung nach holen die Pferde durch diese angelernte Stimmhilfe und über die zur Sprache gebrachte Ausatmung sehr viel mehr Einsatz und Reserven aus sich heraus, um sich deutlich und gerne zu versammeln. Der Reiter ist dabei kraftvoller, deutlicher und auch einfach netter. Wir wollen ja keinen Krieg gewinnen, sondern gelebte Freude produzieren – oder?

Bewusst, beweglich und kompetent den Galopp zu suchen, zu finden und zu bestimmen heißt:

- Der »junge Reiter«, egal wie langjährig er eigentlich auf dem Pferd sitzt, sagt den Galopp an.

- Das junge Pferd – die Remonte – schlägt den Galopp vor, der Reiter nimmt den Galopp an.

- Das alte Pferd zeigt, ob und wie lange es galoppiert werden will. Je nach Verschleiß ist

Ein kraftvoller Galopp im erweiterten Rahmen.

das alte Pferd ca. 16–30 Jahre alt. Die Pferde zeigen uns, wann sie nicht mehr geritten werden wollen.

■ Kraftvolle »Galoppierer« – Pferd und Reiter galoppieren heiter. Das Pferd läuft unter die »Last«, der Reiter lernt, seinen unabhängigen Sitz über die Unterstützungsfläche »Pferd« optimal einzubringen.

■ Wir üben den Galopp ein, indem wir jahrelang mit Übergängen und Seitengängen im Schritt und Trab das Pferd auf die Hinterhand bringen.

■ Wir variieren den Galopp mit Galoppübergängen. Wir nehmen als Balancehilfe die Zirkellinie oder das Carré.

■ Ich unterstütze die Versammlung im Galopp mit Kreuz anspannen durch Längen und stimmliche Ausatmung.

■ Ich eliminiere den Galopp als »Kraftakt« mit der »druntergeboxten« Hinterhand und dem »Aufbrummen« auf dem Zügel und installiere Selbsthaltung durch Gleichgewicht.

■ *Der »junge Reiter« – egal wie lange er reitet – sagt den Galopp an.*

4. Vom Suchen, Finden und Bestimmen der Biegearbeit

Der große Gedanke zur Biegearbeit liegt darin begründet, dass es zuweilen einfacher wird, zuerst an einer Körperhälfte des Pferdes mit Erfolg zu bearbeiten. Das ist dann in der Biegung die innere Seite, die vermehrt zum Reiter hin verkürzt ist im Abstand zwischen Hüfte und Genick. Die »Geradeausarbeit« findet ihre Form im Durchreiten zahlreicher Übergänge, aus denen die Hinterhand gestärkt wird und in die das Pferd sich aufnehmen und zurücknehmen lässt. Der Schwachpunkt dafür liegt in der Einhändigkeit sowohl des Reiters als auch des Pferdes. Es kann sein, dass man das vermeintlich perfekte Geradeaus verpasst oder zu lange wartet, bis das Pferd sich findet und man dadurch Steifheit erzielt. Was für eine große Aufgabe hat sich der Reiter gestellt, wenn er sich zutraut und zumutet, wirklich symmetrisch gleich stark und abgestimmt einwirken zu wollen. Diese Chance – aber auch Bürde – kann man durch qualitätsvolle Biegearbeit etwas nach hinten verlagern.

■ *Durch die Biegearbeit sind wir in der Lage, zuerst eine Seite des Pferdes vermehrt zu bearbeiten.*

Man kann sich das gebogene Pferd so vorstellen, als wäre es auf zwei Schienen durch den von Ihnen vorgeschlagenen Bogen (Zirkellinien, Schlangenlinien, Volten) unterwegs. Tatsächlich kommen wir in der gymnastizierenden Bahnarbeit um die Biegearbeit nicht herum. Jedes Durchreiten einer Ecke ist mit dem Bogen etwa einer Viertelvolte Biegearbeit.

Ich habe im Unterricht mehrere Vorschläge, wie der Reiter sein Pferd und sich in Stellung und Biegung hereinsuchen und finden kann.

Eine erste, überraschend annehmbare, ungewohnte Version liegt in der Aufgabenstellung, die der Bereiter FN, Michael Bünger, »Propeller« genannt hat. Den »Propeller« müssen Sie sich vorstellen wie ein gegenläufiges »Durch-die-ganze-Bahn-Wechseln« auf »angebogenen Linien«. Verlassen Sie auf ungewohnten Bahnen, die nicht immer hilfreiche Bande, und leiten Sie den »Propeller« z.B. aus einem Zirkel ein, der nur ca. 16 oder 18 m Durchmesser hat.

Wechseln Sie wie in einer »angedellten Acht«, eben der Form eines Propellers, durch die Diagonale auf den neuen Zirkelbogen. Durchreiten Sie den Propeller im Trab in drei Sitzarten: Entlasten ↔ Aussitzen ↔ Leichttraben. Achten Sie darauf, die Balance des Pferdes im Wechsel der Sitzpositionen nicht zu stören. Halten Sie sich also eingerichtet und graduell im Tonus positioniert. Schauen Sie insgesamt in den geplanten Weg hinein. Haben Sie Augen an den Kniespitzen, am Becken und an den Schultern und einen Suchscheinwerfer am Bauchnabel, der Ihren Weg ausleuchtet.

Ich selber bin auf die Figur des »Propellers« gekommen, da ich die Pferde beim Freilaufen in der Bahn beobachte. Bevor sie es lernen, ohne Stopps einzulegen, außen herum rhythmisch zu laufen, schlagen sie diesen Weg durch die »angebogene Diagonale« immer wieder vor. Auch das junge Pferd, auf das gerade erst aufgesessen wurde, gewissermaßen vom Sattel aus begleitet, geht in den »Propeller« – die »angebogene Diagonale« durch die Bahn bzw. die »angedellte Acht« auf den beiden Wechsellinien.

Noch wertvoller wird diese Übung, wenn Sie beim Durchreiten aus drei Sitzpositionen auch die Handhaltungen und den Zügelkanal wechseln. Probieren Sie es, beide Hände gegeneinander zu legen »wie aus einem Handschuh« (Michael Bünger) oder einhändig den Propeller zu durchreiten. Das Lenken wird dann vorgegeben durch die Rotation des Reitersitzes und die wechselseitigen Impulse von den Knien des Reiters und der inneren, im oberen Bereich flach anliegenden Wadenpartie.

■ *Gehen sie aus einer 16, 18 oder 20 m Zirkellinie in eine »angebogene« Diagonale.*

Sie können durch die Übung hindurch den stillen, klassischen Zügelkanal der ruhigen Handposition wählen, in der Sie die »aushaltende Hand« praktizieren, die energetisch durchlässig und daher unbedingt bequem ist. Das Reiten auf dem »Propeller« ist die großzügigste Linienführung in der Biegearbeit. Sie können von einem 14 – 16 – 18 m Zirkel aus kommen und die Diagonale jeweils anbiegen, so gut es Ihnen gelingt. Beim Reiten auf dem »Propeller« können Sie auch hervorragend den springmäßigen »fliegenden Galoppwechsel« aus dem »Leichten Sitz« einüben. Auch diesen wird Ihnen das junge Pferd beim Freilaufen vorschlagen und Sie können reiterlich annehmen und einüben.

Der hauptsächliche Wert und Nutzen der Biegearbeit für den Reiter liegt darin, dass er das Unterscheiden lernt. Unterschiede wahrnehmen ist ein Eckmerkmal von Gleichgewicht. Man kann es sich nicht ausdenken, erfragen oder erraten, ob sich z.B. der angebogene Weg rechtsherum genauso anfühlt und genauso leicht erstellen lässt, wie sein Spiegelbild links herum.

Hinschauen, betrachten, durch den Weg hindurchatmen, beobachten, spüren → wiederholen, wiederholen, wiederholen.

»Selber erfahren, selber spüren, selber tun« sagt der große Judoka und international an-

Von der Hinterhand bis zum Genick wird das Pferd auf die Kreislinie eingestellt.

gesehene Physiker, Dr. Moshe Feldenkrais, um den Weg zur autonomen, bewussten Handlung aufzuzeigen.
Das frühe und häufige Durchreiten der Zirkellinie unterrichte ich nicht so, wie es allgemein üblich ist. Ich meine, dass es so zu häufig misslingt. Die vielen Punkte, die einen Kreis von 20 Metern bilden, werden nicht angeritten oder gar nicht erst erkannt. Wenn der verpasste Punkt auf der Kreislinie erkannt wäre, fehlt die Zeit und die Körperbeherrschung zwischen Reiter und Pferd, um ihn zu korrigieren. Dadurch schleichen sich in der Wahrnehmung von Pferd und Reiter sowie in der Position des Reiters und in der Muskulatur des Pferdes Fehler ein, die Sie kaum herausradieren können, zumal in ungeübter und ungenauer Longenarbeit das gute Einstellen auf eine Kreislinie häufig schon versaut wurden.
In einer guten Arbeit auf der Kreislinie müsste nämlich ja darauf geachtet werden, dass jeder Schritt auf jedem Meter wie geschient auf zwei nebeneinander verlaufenden Kreislinien erfolgt. Eine Kreislinie, in der das Pferd trotz des Reiters und mit dem Reiter sich von den Hinterhufen bis zum Genick harmonisch aufhalten kann, ohne mit einzelnen Hufen auszufallen und ohne dabei die Halsmuskulatur zu verdrehen oder sich im Rücken zu verschlängeln. Das Pferd soll in sich einen harmonischen Bogen bilden können, in dem es auf der Innenseite kürzer eingestellt ist und auf der Längsdehnung außen passend dazu mitkommt. Statt der Wiederholung des einfachen Zirkels lasse ich in Schneckenhausform verkleinern und vergrößern. Ich benenne dabei nicht eine Schulter herein artige Stellung oder dergleichen, sondern verlasse mich auf die Kräfte der Visualisierung, die der Reiter durch das Bild des Schneckenhauses bekommt. Zirkel verkleinern – Zirkel vergrößern – Ganze Bahn – Mittelzirkel einmal herum – ganze Bahn – Zirkel – Zirkel verkleinern – Zirkel vergrößern. Diese Arbeit ist wertvoll im Schritt, Trab und Galopp, wobei das Einbauen vom Mittelzirkel insbesondere gut ins Gleichgewicht zuarbeitet. Solange die innere Stimme und das innere Auge des Reiters noch nicht effizient zuarbeitet, sollte der Reiter in der Biegearbeit gut beachtet und beobachtet werden. Im Umkehrschluss heißt das, dass »freies Reiten« vornehmlich in einem fröhlichen, unbefangenen Geradeaus oder in kleinen Ausritten vorgegeben wird. Es dürfen auch Stangen im Weg liegen oder es darf ein Gymnastiksprung im Weg stehen.
Es ist meiner Erfahrung nach günstig für die reiterliche Entwicklung, den Weg von A nach B im Auge zu behalten und unbefangen auf ein Ziel loszureiten und sich nicht »festzukringeln«. Biegearbeit jedoch, an der Hand, an der Longe und unter dem Sattel muss im Auge behalten werden, da daraus bei Pferd und Reiter schiefenbildende Arbeit wird und nicht schiefenkorrigierendes Lernen. Eigentlich jedoch liegt die Chance in der Biegearbeit darin, die jeweils verkürztere innere Seite zu lockern und zu formen und dann die beiden bearbeiteten Körperhälften zu spiegelbildlichen und symmetrischen Komponenten zusammenzufügen. Dabei sind dann nicht die Körperstrukturen symmetrisch, sondern das Bewegungshandeln,

■ *Ich lasse die Schlangenlinien durch die Bahn in der traditionellen S-Form reiten.*

nämlich durch Gleichgewicht im Auspendeln um eine Mitte, über einem Boden in eine Ausrichtung und Aufrichtung hinein und dann noch, in der Biegearbeit, um eine Kurve.

Im Verlauf der Ausbildung oder Korrektur eines Pferdes und in der fortschreitenden Aufbauarbeit mit dem Reiter nutze ich sehr viel die Übung »Schlangenlinien durch die Bahn« und durchsetze diese mit vielen Volten in die Bewegungsrichtung der Bogenlinie. Die einfache und doppelte Schlangenlinie an der langen Seite setze ich weniger ein, da sie leichter »bemogelbar« sind und wieder schief enden können. Für den jungen Reiter ist es in jedem Fall hilfreich, die Schlangenlinien durch Tore zu führen, die ich mit Hilfe von kleinen orange-weißen Bauhütchen aufstelle. (Diese sind im Gartenmarkt oder Baumarkt erhältlich.)

Die »Schlangenlinien durch die Bahn« schulen die Raumaufteilung, da sie in drei bis sechs Bögen vorgegeben werden. Im Training bevorzuge ich die traditionelle S-Form der Schlangenlinie vor der internationalen Norm, bei der nach dem Abwenden ein Stück geradeaus geritten wird. Der besondere zusätzliche Hinweis für die Schlangenlinie gilt auch für das Wechseln aus dem Zirkel. Vor dem Ankommen in die neue Bewegungsrichtung hat der Reiter eine Pferdelänge (3–4 m) Zeit umzufassen, umzusitzen und sich und sein Pferd auf die neue Richtung umzustellen. Oft passiert das Ganze viel zu hastig und beinhaltet den Irrtum von Herumwerfen oder Hast.

Schlangenlinien können meiner Meinung nach hunderte geritten werden. Im Gegensatz zur schwierigen Zirkellinie durchläuft das Pferd sie irgendwann fast wie in Trance. Und zwar in allen Sitzarten, am hingegebenen wie am aufgenommenen Zügel sowie mit einer Hand geritten.

Wollen Sie immer noch Biegearbeit, dann – sparsam dosiert – in Anlehnung mit dem Willen zur Versammlung – lasse ich Sie durch den Zirkel wechseln. Auch diese Übung hilft in sich mit, Pferd und Reiter ins Gleichgewicht zu bringen und ist daher als Lektion nicht aufdeckend, sondern zuarbeitend. Pferd und Reiter scheinen darin eher zu ermüden, daher achte ich auf Müdigkeitsmerkmale wie einer Verschlechterung der Ausführung nach schon gelungener Version, einem Kopfschlagen des Pferdes oder grobmotorischer Einwirkung durch den Reiter.

Bewusst, beweglich und kompetent sich in der Biegearbeit des Pferdes einzulassen heißt:

■ zu erkennen, dass Körperhälften unterschiedlich sind, aber symmetrisch handeln können.

■ den Körperaufriss zuzulassen und zuerst eine Körperhälfte durchzulockern, zu längen und zur Rotation zu veranlassen – und danach die andere.

■ zu überprüfen, ob Suchscheinwerfer und Augen auf Zehenrichtung, Knien, Becken, Bauchnabel, Schultern, Halsdrehung und Kopf den Weg anvisieren, der gewollt und geplant ist.

■ eine Biegung in allen Sitzarten und verschiedenen Handtechniken durchreiten zu können mit dem Ziel, dass Zügelführung »wie aus einer Hand geritten« minimiert wird.

■ Biegearbeit von leicht auf schwer aufzubauen, a) Propeller, b) Schneckenhaus auf dem Zirkel, c) Schlangenlinien mit Volten in Bewegungsrichtung, d) durch den Zirkel wechseln.

■ Biegearbeit gut beobachten zu lassen und freie Arbeit mit einem fröhlichen Geradeaus und dem Ausreiten zu verbinden.

■ *Durch entsprechende Biegearbeit wird Ihr Pferd auch gehorsamer und kraftvoller im Parcours.*

5. Vom Suchen und Finden der Seitengänge

Kann bei der Suche nach Gleichgewicht das Reiten von Seitengängen sinnvoll sein? Wenn wir das Thema Körperteilung bei Pferd und Reiter ernst nehmen, sind die Seitengänge sowohl Einübung als auch Überprüfung der Reaktion auf den vermehrten Einsatz einer Körperhälfte oder zu einer Körperhälfte hin. Lassen Sie uns vom Gesäßknochen des Reiters ausgehen. Belasten Sie den rechten Gesäßknochen, ohne dabei in der Hüfte einzuknicken. Kriegen Sie Ihr Pferd unter diesem rechten Gesäßknochen dazu, sich einzuordnen und Last aufzunehmen? Wenn Sie wiederholt und vermehrt auf den rechten Steigbügel treten, läuft das Pferd dann eher nach rechts? Und funktioniert diese Hilfengebung auch nach links? Wie verhält es sich mit Impulsen aus den Knien und aus der Wade? Reagiert Ihr Pferd, wenn Sie ein Knie etwas öffnen und mit dem anderen Knie Impulse gegen den Sattel geben? Schon junge Pferde und Ponys mit offensichtlich belastbarer Sportgenetik sind wach und bereit für diese Impulse vom Reiter. Sie reagieren logisch und willig auf Hilfengebung aus den Gesäßknochen und aus den Knien des Reiters. Leider werden sie im Verlauf des fortschreitenden Trainings auch durch wechselnde Reiter und Besitzer abgestumpft und verlieren diese hohe Aufmerksamkeit zu den Knochen des Reiters. Andere Pferde taumeln etwas unbewusst mit dem Reiter umher und müssen zur fein abgestimmten Hilfengebung des Reiters hin erst sensibilisiert und eingeübt werden.

■ *Lassen Sie von der Mittellinie aus nach links oder rechts Schenkelweichen in einer Parallelverschiebung reiten.*

An dieser Stelle kann ich schon nach wenigen Monaten oder nach dem ersten Jahr der Pferdeausbildung als Gewöhnung an die vortreibenden Hilfen und den Rhythmus beim Reiten seitwärts treibende Hilfen einsetzen. Ich erziele damit einen Informationsaustausch und eine Gymnastizierung einzelner Körperpartien zueinander. Das Schenkelweichen wird wegen seines weniger gymnastizierenden Effektes von Schulter und Hüften des Pferdes zueinander nicht den klassischen Seitengängen zugeordnet. Wie vorher beschrieben, meine ich, dass es Pferd und Reiter gut tut, seitwärts treibende Hilfen zu erkennen und zu dosieren. Das Schenkelweichen am Hufschlag entlang mit der 45°

Abstellung schlage ich dabei vor. Genauso wie die zwei folgenden Übungen:

1. Auf die Mittellinie gehen, beim Mittelpunkt X Schenkelweichen nach rechts oder links bis zur Pfeillinie oder bis zum Hufschlag zurück. Sie können diese Übung im Schritt oder im Trab ausführen und dabei die Sitzarten Leichter Sitz → Grundsitz → Schwersitz und Leichttraben wechseln.

Nehmen wir als Beispiel das Schenkelweichen von der Mittellinie aus nach rechts. Das Pferd bleibt auf der Mittellinie in sich gerade gehalten. Der Kopf des Pferdes ist »in Stellung« nach links, also minimal nach links tendierend, so dass der Reiter Augen und Nüstern »schimmern« sehen kann. Nehmen Sie den linken Zügel in den Hals und Widerrist des Pferdes hinein an, und öffnen Sie den rechten Zügel in Bewegungsrichtung nach rechts. Legen Sie das rechte Bein etwas hinter dem Sattelgurt an, um die Hinterhand des Pferdes in einer Parallelverschiebung zu behalten. Das linke Bein bleibt entweder vortreibend am Gurt oder wird etwas seitwärts begrenzend und seitwärts treibend dahinter eingesetzt. Geben Sie die wiederholten Impulse aus dem Knie und aus der Wade, in diesem Fall aus dem linken Knie und Wade gegen den rechten seitwärts führenden Zügel.

Jetzt kommt's: Können Sie den linken Gesäßknochen in Richtung rechtes Pferdeohr verschieben? Und das auch wiederholen? Können Sie diese Bewegung so dosieren, dass das Pferd reagiert und mitmacht? Entsteht dadurch ein freies, seitliches Kreuzen der Pferdebeine in einem guten Bewegungsfluss und Rhythmus? Durch die verschiedenartige Impulsgebung und die Reaktionen des Pferdes haben Sie viel erreicht. Insofern sind Seitengänge als Parallelverschiebung auch wertvoll.

■ *Das lang geführte Reiterbein erhält auch dem erst 7-jährigen Pferd den Vorwärtsfluss in der Traversale.*

Die nächste Übung, die ich meinen Schülern beibringe, heißt Konterschulterherein. Dabei halten Sie den Kopf des Pferdes in Richtung Reitplatzzaun, am Anfang mit der Stirnlinie auf den Zaun zu, während das Pferd mit seinem Körper fast auf dem Hufschlag bleibt bzw. sich auf drei Hufschlägen vorwärts bewegt. Der äußere Schenkel (an der Bande) bleibt dabei vorne und treibt vor, und der ehemals innere Schenkel (in der Bahn) liegt etwas weiter hinten und begrenzt den Ausfall bzw. das Übertreten der Hinterhand. Diese Übung ist für das Pferd sehr leicht verständlich und zu befolgen und hat einen hohen Effekt für die Biegsamkeit des Pferdes. Erst nach dem Konterschulterherein unterrichte ich das Schulterherein, vornehmlich im ruhigen Trab und aufgelöst durch den Übergang in Volten.

In der Arbeit nach Gleichgewichtskriterien geht der Effekt zur Biegefähigkeit und Adressierbarkeit einzelner Körperteile zueinander vor Tempo und Schwung. Seitengänge lasse ich daher meine Schüler zuerst in ruhigem Tempo erreiten und achte später auf Schwung und Kadenz.

Bewusst, beweglich und kompetent Seitengänge erarbeiten heißt:

■ Die Körperhälften trennen können und Knie, Wade, Fuß, Steigbügeltritt sowie den Zügelkanal gesondert einrichten. Gleichgewicht entsteht durch Bewusstheit und Körperkontrolle.

■ Beim Schenkelweichen von der Mittellinie aus zum Hufschlag, üben Sie diese Körperkontrolle ein.

■ Konterschulterherein im Schritt und Trab gegen die Bande sind leicht zu verstehen, mit hohem gymnastischen Effekt von Schulter und Hankenbiegung.

■ Bei den Seitengängen geht Präzision im Denken und Handeln vor Schwung und Kadenz. Ich beachte Präzision und Rhythmus.

■ *Das Reiten von Seitengängen bereitet den jungen Reiter und das junge Pferd auf den Galopp vor. Die junge Reiterin verhilft dem jungen Pferd mit einer Schaukelbewegung im Becken zum seitlichen Übertreten.*

KAPITEL IV

DIE ENTWICKLUNGS–PYRAMIDE

Die Mülltüte

Gleichgewicht können wir nicht einmal erreichen und dann erhalten. Indem wir uns bewegen, müssen wir es immer neu anpassen. Indem wir uns verändern, müssen wir uns neu ordnen.

Die Entwicklungspyramide kann ein Leitfaden für das Zusammenspiel zwischen Pferd und Reiter sein, die Mülltüte vollzumachen und die Entwicklung zum Reitmeister in uns und zum Lehrpferd zu klären. Wenn wir Gleichgewicht leben, auch beim Reiten, können wir »Reibung«, die auf unseren Bewegungen und auf unserem Denken liegt, auflösen. Nehmen Sie zum Beispiel den Aspekt »Verschleiß«.

1. Verschleiß

Verschleiß entsteht, wenn wir unbewusst, falsch informiert und ahnungslos z.B. das Pferd mit einem unkorrekten Hufbeschlag oder schlechter Pflege der Hufe versehen. Das Pferd zieht sich aus seinem ausgetrockneten, verengten Huf zurück, läuft z.B. bei ungleichmäßiger Aufgabenverteilung zwischen den vier Hufen hölzern und laut rumpelig. Nach und nach wird es Bewegungsstöße, die es über die Hufe aufnimmt, in einen Fehlgebrauch der Gelenke weiterleiten oder in seinen ohnehin bereits geschwächten Rücken. So ähnliche Belastungen können von oben über den Rücken durch einen schlecht passenden Sattel nach unten bis in die Hufe hinein Verschleiß bewirken.

Arthrosen sind eigentlich immer eine Reaktion des Körpers auf mangelnde Vorlagen ins Gleichgewicht. Es ist sicher kein Spaß, gegen den schlecht passenden Sattel oder gegen den Beschlag »anzukämpfen«, immer weiterzulaufen, obwohl es weh tut. Schlecht für das Pferd und teuer für den eigenen Geldbeutel.

Auch der Reiter verschleißt, wenn er seine Gleichgewichtskenntnisse nicht auffrischt. Blasen an den Händen und ein wundgescheuerter Reiterpo sind nur oberflächliche Zeichen dafür, »nicht beim Pferd zu sein«. Seine Turnierlaufbahn im Korsett reitend zu

Intervalltraining mit Pausen am hingegebenen Zügel beugt Verschleiß vor.

beenden, kann nicht das Ziel von Körperbeherrschung und Körperertüchtigung sein, da wir dabei weniger werden statt mehr.
Verschleiß findet sich im Reitsport in vielen Formen. Verschleiß und Gleichgewicht schließen einander aus. Auch die Lunge, das Herz und die Atemwege sowie der Verdauungstrakt beim Pferd und sogar beim Reiter werden durch falschen Gebrauch stark belastet. Sie bekommen ihren Einsatz nicht angemessen diktiert und ihre Ruhe(pausen) werden ihnen nicht zugestanden. Ich muss immer staunen, wie viele Impfungen – natürlich vorbeugend – und Pülverchen dem Pferd vom Tierarzt verabreicht werden.
Wer sich im Gleichtgwicht bewegt und lebt, dem geht es auch körperlich besser.

Ausdauernde, im Zeitmaß ruhige Bewegung auch fordern, in der Bewegung mit Zeitfluss, passend zum Aufbauen der Kraft des Pferdes, unterscheiden von Zugluft und Zufuhr von Luft (das Pferd alleine kennt diese Unterscheidung) und schon haben Sie Leistungspferde mit Atem und ohne Verdauungsprobleme.

2. Schlechte Stimmung

Der zweite Faktor rund um das Pferd, den ich in die Mülltüte tun würde, heißt wiederholte oder chronische schlechte Stimmung. Schlechte Stimmung zeigt sich in der Tonlage und in der Wortwahl. Der Umgang mit

■ *Kleine Gymnastiksprünge bewirken auch beim Dressurteam »gute Stimmung«.*

dem Pferd ist aggressiv oder keifig/ruppig statt zart oder freundschaftlich, burschikos und knuffig. Auch Pferde können eifersüchtig, jähzornig und ängstlich aggressiv untereinander sein, sogar fremdenfeindlich oder rassistisch. Dieses Verhalten dulde ich auch unter den Pferden nicht. Da alle Pferde – auch im Winter – täglich rausgestellt werden, ist die Devise: kein Pferd fügt einem anderen einen Kratzer zu. Ich stelle dafür jede Gruppe passend harmonisch zusammen. Ein Wallach steht mit Stuten. Eine Gruppe ist gemischt, es gibt eine Stutengruppe und einen Jungenclub. Bei mir sind alle Rassen und Arten vertreten, vom Shetty zum Tennessee Walker, vom Dülmener zum Warmblüter oder Berber – multikulti. Einer ist zwar immer der Chef, er soll aber ein Gentleman bleiben. Eine Stute ist immer die Leitstute. Sie benötigt Zeit, Platz und Ruhe, um dabei smart im Verhalten zu bleiben Alle in der Gruppe sollen sich sicher fühlen und in guter Stimmung sein.

Auch beim Reiten erlaube ich den Pferden keine schlechte Stimmung. Sie dürfen sich nicht gegeneinander wenden und nicht gegen den Reiter. Manche Pferde haben Angst vor fremden oder entgegenkommenden Pferden. Angst erzeugt auch schlechte Stimmung. Man kann mit den Pferden üben, sich dem Reiter anzuvertrauen und eine Aufgabe in Gelassenheit zu absolvieren. Man muss es sogar üben. Weder der Faktor Angst noch der Faktor Macht darf ignoriert werden. Manche Pferde hatten eine schlechte »Kindheit«. Sie kommen aus Ställen, in denen sie in Einzelhaft leben mussten oder kommen aus unharmonischen Aufzuchtsgruppen, in denen sie drangsaliert und mangelversorgt waren. Bei solchen Pferden sorge ich zum Schutz für Pferd und Reiter für mehr Abstand und eine ruhige Trainingssituation. Ich will keine schlechte Stimmung beim Reiten haben.

Auch Reiter können aus ihrer Angst heraus schlechte Stimmung erzeugen. Man sieht sie große Paraden ins Pferdemaul »hineinhacken«, z.B. auch an der Longe. Vom Sattel aus hört man sie »Blöder Bock!« murmeln oder sieht, wie ihre Pferde bereits auf der Stallgasse »klargemacht« werden. Wenn Reiter nur die geringste Tendenz zeigen, ihr Pferd oder das anderer Leute lauthals als blöd zu bewerten, unterbinde ich diese Situation sofort. Das ist Erziehung zum Horseman und dem Pferd gegenüber nur fair. Horsemanship ist das oberste Gebot für einen Reiter.

Ich selber lehne ein Trainingspferd ab, das nur schlechte Stimmung erzeugt. Bei einem solchen Einstellpferd halte ich mehr Abstand und discipliniere mich in meinen Ansagen: »Na, Du alte Pfeife«. Ein eigenes Pferd, das mir nicht liegt, würde ich verkaufen. Gleichgewicht und anhaltende schlechte Stimmung schließen sich aus. Ich bin für Gleichgewicht und wir tun die schlechte Stimmung in die Mülltüte.

3. Konkurrenz/Erfolgsdruck

Tun Sie ruhig den reiterlichen Erfolgsdruck und Ihre Gefühle dazu in die Mülltüte. Wenn Sie Gleichgewicht anstreben, setzen Sie die Messlatte recht hoch. Sie tun sich einen sehr großen Gefallen, wenn Sie langsam darauf zuarbeiten. Meine Tochter war schon ein Teenager, als sie in großer Runde sagte: »Ich möchte einmal so gut reiten können wie Mama!« Die Profis in der Runde lächelten freundlich milde, aber doch berührt ob des klaren Satzes. Was kann es für schönere Musik in meinen Ohren geben? Für den Profi ist der Erfolgsdruck groß, da unter Umständen der Kundenzulauf davon abhängt. Bereiter und Turnierstallbesitzer Arndt Hönke fiel mir auf, da seine Turnierphotos ein äußerst gesammeltes, durchdrungenes, entspanntes Gesicht wiedergaben. Weit und breit war keine schlechte Stimmung darauf zu erkennen. Für die meisten Pferde in der Ausbildung sicherlich ein guter Partner.

Erfolgsdruck und Konkurrenz wird auch häufig über die Qualität und den Leistungsnachweis der Pferde gelebt. Das geht oft nicht nur vom Reiter, sondern auch vom Besitzer aus. Das teure Pferd soll schnell sein Geld wert gewesen sein, was sagen sonst die anderen.

Pferde sind fast immer eine eher schlechte Geldanlage bzw. ein Minusgeschäft. Der Turniererfolg hängt von uns, vom Wetter, von den Richtern, von der Startzeit und von den Mitbewerbern ab. Und siegen kann nur einer. In den Wettbewerben, die ich auf meinem Hof veranstalte, gibt es über das Punktesystem auch Sieger oder ein siegreiches Feld. An Wettbewerben mitzumachen und eben nicht der Beste zu sein kann man lernen. Die Chancen werden über kombinierte Prüfungen breiter verteilt. Geehrt und gewürdigt werden alle. Preise können im Julklap-Prinzip auch an alle vergeben wer-

■ *Arndt Hönke sehe ich mit einem gesammelten, entspannten Ausdruck reiten.*

■ *Die blauen Kanister als Markierungspunkte unterstützen bei der Schulung des Gleichgewichts von Pferd und Reiter.*

den. Eine 50-Jahrfeier des Reiterbundes, die nur die Sieger ehrt, ist ein Armutszeugnis, da keine Stimmung aufkommt. Eine 10-Jahrfeier im Breitensport erzeugte Gänsehautstimmung, als 350 Reiter und Pferde und die Teinehmer eines Sternritts, die gleichzeitig dazu einritten, eine Hubertusmesse feierten. Reitet nach dem olympischen Gedanken: »Dabei sein, ist alles!« In einen Reitstall, in dem schlechte Stimmung herrscht, begeben sich weder meine Tochter, noch meine Pferde und schon gar nicht ich! In die Mülltüte also mit der schlechten Stimmung.

4. Unfall-Gefahr

Mangelhaft Gleichgewichtsschulung birgt Gefahr in sich. Unfälle können passieren, die Sie hätten vermeiden können. Müdigkeit – sowohl beim Pferd als auch beim Reiter – ist ein Faktor, bei dem immer Vorsicht geboten sein muss, denn das Unfallrisiko erhöht sich. Bei Müdigkeit heißt es Pause machen. Ein Pferd, das vor Müdigkeit stolpert, bringt Gefahr, und ein Reiter, der klammert oder taumelt auch.

Ein ängstliches, unzufriedenes Pferd ist genauso gefährlich wie ein Pferd mit zu viel Stallmut.

Wenn Sie das Umfeld für Reiter und Pferd bewusst einrichten, reduzieren Sie die Unfallgefahr. Wenn sich Reiter und Pferd in die Gleichgewichtsmerkmale einrichten, sind sie stabiler und reaktionsbereiter. Sie haben mehr Überblick. Gefahrenpunkte und das Unfallrisiko zu reduzieren, ist ein wertvoller Beitrag aus der Lehre zum Gleichgewicht.

■ *Gleichgewicht finden und erhalten geht über ausgiebige Basisarbeit.*

5. Höhenangst

Höhenangst zu haben, ist ein unangenehmes Gefühl und birgt ebenfalls Gefahr in sich. Viele Reiter gestehen ihre Höhenangst nicht. Oft werden Bemerkungen dazu von der Umgebung nicht ernst genommen, da das Pferd ja nicht der »Mount Everest« ist. Die Aussage: »Ich will ein großes Pferd«, bringt oft mehr Anerkennung. »Nein, doch lieber ein kleineres Pferd«, bringt mein Lob. Gut erkannt. Statt um das Imponieren geht es beim Reiten um das Gleichgewicht. Der Reitlehrer und natürlich die liebenden und

bezahlenden Eltern sollten nicht »schneller, höher, weiter« verwirklichen, sondern Lernvorgänge im Bereich Gleichgewicht bei ihren Kindern unterstützen.
Höhenangst auf dem Pferd erkennen zu lernen, ist sehr wertvoll – auch für andere Situationen im Leben. Die Höhenangst reduziert sich und kann später in die Mülltüte wandern.

6. Fallangst

Wenn wir Gleichgewicht gewinnen, können wir auch der Fallangst begegnen. Es ist illusorisch, das Reiten zu unterrichten und Fallangst nicht zu erkennen und daran zu arbeiten. Es liegt einfach drin, beim Reiten mal vom Pferd zu fallen. »Das Fliegen muss man lernen«, so Reitmeister Dieter Bruhn. Dabei schafft er im Training eine sehr ruhige Stimmung mit sehr ausgiebiger und ausgedehnter Basisarbeit. Obwohl Pferd und Reiter ausgewachsen sind und bereits viel können. Reiter, die vor gewissen Pferden Angst haben, brauchen diese nicht zu reiten. In diesem Stall dreht es sich um junge, sportliche Turnieranwärter. Wie viel mehr sollte die Maxime im Reiterverein und beim Freizeitreiten sein: Erkenne die Fallangst, bearbeite sie und werfe sie in die Mülltüte. Stattdessen sagen die Mütter: »Wenn Du heute galoppierst, dann musst Du die Reitkappe aufsetzen!« Ich habe nichts gegen die Reitkappe. Eine solche Aussage jedoch provoziert »Fallangst«. Die Faustregel zur Fallangst ist: Wer aus Angst vor dem Fallen stürzt, tut sich weh. Das Fallen kann man nach meiner Auffassung nicht trainieren. Jedoch die Losgelassenheit ist erkennbar, das Einschätzen von sich und der Situation mit dem Erkennen von Gefahrenmomenten und der eigenen Risikobereitschaft. Es ist bekannt, dass eine Mutter von Kleinkindern oder ein Ernährer einer Familie mit mehreren noch nicht selbstständigen Kindern mehr Angst vom Pferd zu fallen hat, als ein sportlicher Jugendlicher. Das kann so sein, muss aber nicht so sein. Jeder Reiter und Reitlehrer sollte die Fallängste um sich herum erkennen und abfragen. Mit weiterer Entwicklung wird der Reiter die Fallangst dann in den Mülleimer schmeißen wollen.
Auch ein Pferd kann unter Fallangst leiden. Mit Beschlag auf glatter Stallgasse oder beim Aufhalten beim Schmied oder Tierarzt, wenn es dabei aus dem Gleichgewicht gezogen wird. Ein Pferd mit Fallangst verhält sich ungeschickt. Ich möchte ein Pferd im Gleichgewicht, da es mir zuarbeitet und in unwägbaren Situationen besser mitmachen kann. So wird aus der Fallangst ein Fall-Restrisiko.

■ *Ein guter Versuch, das Anhalten und das Rückwärtsrichten zu bewirken.*

■ *Die Gleichgewichtslehre kennen und Gewohnheiten erkennen bringt Lernfortschritt; hier eine freiere, jedoch freundliche Form zwischen Pferd und Reiter.*

Heute ist sie gefallen und hat sich mit ihren paarundsechzig Jahren das Hüftgelenk gebrochen. Es lag an der gewohnten Stelle eine andere Kuh, die plötzlich aufsprang. Die Gewohnheit lähmt die Aufmerksamkeit.
Gewohnheit beim Reiten kann auch heißen, das Training immer gleich aufzubauen. Gleichgewicht leben heißt immer, drei Wege gehen können und mehr. Der Trainingsaufbau kann viel Geländearbeit beinhalten und wenig Bahnarbeit und umgekehrt. Ich kann Pferd und Reiter zusammen aufbauen oder jahrelang das Pferd trainieren und den Reiter separat. Gewohnheitsmäßig die Galopphilfen zu geben, kann zu Missverständnissen führen. Dasselbe gilt auch für die Hilfen zum Rückwärtsrichten. In beiden Fällen werden viele Pferde unterschiedlich angelernt, auch wenn es sich um die eine klassische Reitweise handelt. Mal kommt die Hilfe mehr aus den Sitzbeinhöckern oder Hüftgelenken und mal mehr aus der Wade. Wo die Wade angelegt wird und welche Seite dominiert, das gibt mir das Pferd vor. Sich aus gelernter Hilfengebung gewohnheitsmäßig hinzusetzen, kann Verwirrung und Streit verursachen. Wir sind genetisch bedingt z.B. groß oder klein, stämmig oder schmal und sozial bedingt auf einer Reitanlage mit 100 Pferden aufgewachsen oder als Einzige in der Familie zu jedem erreichbaren Pferd hingestürmt.

7. Gewohnheiten

Gewohnheiten sind unsere zweite Haut. Sie können uns solange lieb und wert sein, bis wir uns in unserer eigenen Haut zu unserem Wohle auskennen und eingerichtet haben. Danach dürfen wir Gewohnheiten kritisch abfragen. Welche sind die, die uns gut tun und welche gehören in die Mülltüte?
Gewohnheiten beim Reiten können sein: der Reiter bestimmt – wie gewohnt – eine bestimmte Zügellänge oder Steigbügellänge. Er achtet nicht weiter drauf, ob das Pferd sich jetzt innerhalb von diesem vorgegebenen Rahmen einrichten kann, noch darauf, ob das Pferd jeweils ihn, zu dieser Steigbügellänge passend, gut hinsetzt. Die liebe Bauersfrau vom Nachbarhof steigt seit vielen Jahren, sich innerhalb ihrer 60 Milchkühe bewegend, über dieselbe liegende Kuh hinweg.

Die eigene Haut, durch die Gleichgewichtsgesetze erkannt, kann eine andere sein. Dann können wir uns zu uns selber passend warm einhüllen und die Gewohnheiten in den Mülleimer tun. »Ich reite im schwedischen Stil (etwas freiheitlicher oben heraus)«, »mein Pferd und ich, wir wollen heute am langen Zügel bummeln gehen.«

8. Unbeweglichkeit

Unsere Unbeweglichkeit wollen wir sicherlich alle in die Mülltüte tun. Oder haben Sie sich in diesem Punkt aufgegeben? Durch Ihr verbessertes Gleichgewicht, werden Sie sicher beweglicher. Sie bekommen immer größere Lust auf Beweglichkeit. Unbeweglichkeit ist ungesund, da wir uns eventuell unterfordern. Wir versteifen vorzeitig, werden kurzatmig und schwach auf dem Herzen. Oder Sie überfordern sich.

Gymnastik für den Reiter, joggen gehen, der Ritt über die Alpen ... Wenn Sie Gleichgewicht finden, können Sie sich dosiert einsetzen. Mit einem Herzinfarkt vom Pferd zu kippen, macht für »Joy of riding« genauso wenig Sinn wie ein Hexenschuss nach einem langen Ausritt. Es ist immer erstaunlich, wie unbeweglich viele Reiter in den Armen und Händen sind, klamm und fest. Wollen Sie alle so sein? Da das Pferd in seinem Mund und Maul beteiligt ist, kann es die starke Reiterhand wenn überhaupt nur im Notfall befürworten.

Ich persönlich mag auch keine unbeweglichen Pferde, sondern insbesondere diese mit »fünf Beinen«. Wenn das Pferd bereits auf der Hängerrampe fast hinknallt und keine Kurve rund läuft, spüre ich nicht das Verlangen, es zu reiten.

Wir haben ein Pferd mit einem enormen Springvermögen. Dennoch hat es ein schlechtes Stangengefühl und gar keine Höhen-Tiefenabschätzung. Es stolpert täglich über die Schwelle an seiner Boxentür, es sei denn, man weist es ein. Es ist ein guter Kumpel und ein begnadetes Dressurpferd. Dennoch wird seine Beweglichkeit für die Dressur um 100 % erhöht, wenn es seine Unbeweglichkeit über Stangen nicht mit sich herumtragen muss. Wir arbeiten daran. Leichteste Stangenaufgaben werden ihm vorgegeben und erklärt. Der Reiter unterstützt das Pferd über den Stangen mit seiner reiterlichen Einwirkung.

Gleichzeitig wird ein 4–jähriger springfreudiger Wallach eingerichtet. Hierbei nimmt sich der Reiter vor und über dem Sprung in seine passive »Mitmachposition« zurück, um das Pferd zur Selbstentfaltung zu ermutigen und seine Traute noch zu erhöhen – und auch seine eigene Beweglichkeit.

Auch die geistige Unbeweglichkeit bringt Probleme. Oder nicht? Sie entsteht häufig durch Ratlosigkeit.

Die Gleichgewichtslehre hat viele Antworten auf viele Fragen. Seien Sie geistig beweglich. Vom Pferd möchte ich, dass es den Überblick hat und Fragen stellt. Das nenne ich geistig beweglich. Laras junger Holsteiner Ciacolo und auch mein Berber Iago Pan halten noch aus der Distanz Kontakt über die Augen. Sie signalisieren: »Welches Zeichen gibt sie, was sollen wir wann tun?«

Die Entwicklungspyramide

■ *Die Basis für alles sollte immer die Natürlichkeit sein.*

Ich habe meine Unbeweglichkeit bei der Gartenarbeit entdeckt. Jetzt tue ich ein für allemal die Gartenarbeit in die Mülltüte, aber die Unbeweglichkeit in den ungewohnten Bewegungsabläufen auch. Ich gehe einmal in der Woche schwimmen und täglich 20 Minuten in die Lektion aus der Feldenkraislehre. Ausdauertraining habe ich ansonsten genug, da ich nicht nur schreibe, sondern auch miste, fege und reite.

Die Basis für alles, sollte immer die Natürlichkeit sein. Essen mögen, arbeiten mögen, ruhen mögen, Freunde haben. Das gilt für das Pferd und auch für den Reiter. Nicht immer sind diese Grundvoraussetzungen so gegeben, und so suchen viele Menschen im Umgang mit dem Pferd und beim Reiten den lebendigen und vitalen Impuls. Wenn mir dann gesagt wird: »Bring ihm das Reiten bei, sorge für Lernfortschritt!«, dann bin ich der Meinung, dass Natürlichkeit ein hohes Ziel ist. Wenn ein Mensch beim Reiten nur davon erzählt, wie schlecht es beim Arzt war, wer sich mit wem gestritten hat, wie viel Angst er oder sie vor dem Gewitter hatte und davor, ob das Pferd einmal scheut, dann plaudere ich über die neu angekommenen Pferde im Stall, über die Störche, die über die Koppeln schreiten und über die Musikauswahl zu einer Reitkür.

Wenn ein Sportreiter im Unterricht nur mit Grimm im Gesicht trainiert, dann suche ich das Lächeln über eine gehobene Lektion in sein Gesicht zu zaubern oder darüber, dass er mein schönstes Pferd reiten darf. Oft helfen die Kinder im Ponyclub mit, wenn sie parallel zu einer Reitstunde Hund und Katze durch den Reifen springen lassen, mit den Pferden einen Trick einüben oder alle unter dem Apfelbaum auf ihren Pferden stehen und einen Apfel essen. Natürlichkeit ist also Basis und Ziel in einem. Ein Lächeln und Fröhlichkeit, Durchhaltevermögen und vorausgehend mehr oder weniger Elan. Ein so sein, wie man eben ist. Das ist auch Natürlichkeit. Bei Pferden ist das ebenfalls so.

Bei mir steht zurzeit das Springpferd »Santa Gloria«, eine ganz »feine Dame«. Sie ist sehr edel und reagiert auf die feinsten Zeichen. Die Aussage ihrer Besitzer war, sie möglichst nicht auf die Weide zu stellen, was bei uns in der Regel nicht vorkommt, oder alleine rauszustellen, wobei sie dann den ganzen Tag am Zaun hin- und herjagen würde. Aha. »Santa Gloria« ist geschoren, trägt eine Winterdecke, steht draußen im schneesicheren März, umringt von anderen Pferden in ihrem Außenpaddock. In einem Vorpferch stehen drei alte Shettys. »An Eure Arbeit!« sage ich, wenn ich sie aus ihrem Laufstall in den engen Matschpferch scheuche. Tagelang hat »Santa Gloria« sie nicht zur Kenntnis genommen: »Das sind keine Pferde!« Dann öffne ich den unteren Teil des Durchlasses, so dass die Shettys sich hin- und herbewegen können. Immer wieder scheucht die Stute sie aus ihrem Paddock in die abgeteilte Matschecke zurück. Aha, die Dame ist also zickig. Natürlich zickig. Nach zwei Wochen geht »Santa Gloria« Hand in Hand mit den Shettys auf dem reitplatzgroßen Paddock spazieren. Besonders lieb hat sie die alte Shettydame »Miss Mary«. Für die wunderbare Leistungsstute ist die Natürlichkeit der Ausdruck ihrer Überempfindlichkeit. Sie muss das Zusammengehen erst neu lernen. Aber so, wie sie ist, ist sie gut.

Der Holsteiner »Chocolat« dagegen wird »Kalle« genannt, weil er ein echt guter Kumpel ist. Am zweiten Tag seiner reiterlichen Laufbahn betrachtete er sich als zugeritten, ein Sprung ist zum Überwinden und ein Pferdehänger zum Einsteigen da. Verlässlichkeit ist seine Natur und es gilt, ihn nicht zu über-

fordern und zu überlasten. Der junge Holsteiner »Ciacolo« dagegen hat ebenfalls ein Leistungspedigree. Er bringt sich immer intelligent und vorsichtig ein, fragt nach Zeichen, will erklärt kriegen! Ob der Fußball des Nachbarjungen auf dem Reitplatz brennt oder Motorräder durchs Dorf jagen, das stört ihn nicht, das hat er längst durchschaut. Aber seine Aufgabe, die will er genau kennen lernen, damit er sie dann besonders gut machen kann. Für Ciacolo ist Intelligenz und Vorsicht, gepaart mit Leistungsbereitschaft, die Natürlichkeit.
Auch bei den Reitern sind die Naturen unterschiedlich. Lasse ist struwwelig, etwas abgelenkt und zerstreut und dennoch mutig, sportlich und auf direkte Ansprache zu lang andauernder Leistung bereit. Romina ist gesammelt, sachlich und cool, dabei sehr zart und hört immer gut zu. Genau wie ihr Knabstrupper Tamino. Beide Kinder sind sehr natürlich, dennoch unterschiedlicher Natur. Nach und nach – im Umgang mit Menschen und Tieren – werden Sie Übung darin haben, ein natürliches Auftreten von einem neurotischen Verhalten zu unterscheiden. Hätte sich die Stute Santa Gloria bei diesem vorsichtigen Heranführen eines meiner Shettys verletzt oder würde sporadisch nach einem der Tiere ausschlagen oder es beißen, würde man das Verhalten als neurotisch einstufen. Dem war aber nicht so. Natürlichkeit beinhaltet immer Balance. Die Balance von Lasse und seinem Sportpony Tajako Twix ist feurig, zerstreut und sehr sportlich, dabei unruhig und wendig. Ich geselle gerne gleich und gleich ... Auf dem Weg zum 4-stündigen Strandritt sagte Lasse (9 Jahre) nach ca. 50

Reiter und Pferde sollen zusammenpassen – hier Lasse und Tajako.

■ *Ein Strandritt im März ist ein guter Auftakt für eine schöne Sommersaison.*

Metern: »Wann kommt denn endlich der Strand? Wir wollten doch ans Wasser!«
Als ich Romina (9 Jahre) vorschlug, für den Tag am Strand auf ein kleines altes Pony umzusteigen, anstatt ihr mächtiges junges Pferd einzusetzen, da sagte sie: »Ich reite nur auf meinem Pferd mit!« Und am Ende vom Strandrennen mit einem breitesten Lächeln: »Tamino war so schnell, beinahe wäre ich abgeflogen!«
Beide Kinder handeln nach ihrer Natur und sind gut, wie sie sind. Ihre Pferde passen zu ihnen. Natürlichkeit hat eine eigene Balance und Mitte. Diese eigene Balance drückt sich in Positionen aus, findet Haltungen. Das ist die Basis und das ist viel. Damit kann man sein Leben leben. Wer mehr will, weil mehr drin liegt, muss Bestandsaufnahme machen. Dabei wird ein inneres oder reales Notizbuch geführt. Wie kann die leistungsbereite und sensible Stute »Santa Gloria« gesund und siegreich sein, wie reagiert sie in den Inhalten der Entwicklungspyramide? Dementsprechend muss ihr Training geplant werden und dementsprehend will sie geritten sein. Eine Bestandsaufnahme ist realistisch und ehrlich. Darin liegen Chancen, sich vor Missbrauch zu schützen und brachliegende Potentiale zu entwickeln. Bringe ich die etwas zickige Dame »Santa Gloria« auf der Weide in Gefahr, wird sie verletzt sein oder in der Leistung abgelenkt.
Der Weg zur Spitze der Pyramide geht von der Bestandsaufnahme zur Information, wie im Detail die Inhalte zum Erlangen von Gleichgewicht bei der Dame »Santa Gloria« zu händeln sind.
Im zweiten Strang der Entwicklungspyramide steht anfangs das Erlernen von Techniken. Diese sollten das Thema »Gleichge-

wicht« nicht außer Kraft setzen. Sie werden von Ihnen schon als Sitz des Reiters installiert und über Einwirkung und Lektionen in einem »Wie« erklärt. Zum Beispiel die Füße einrichten, den Zügelkanal einstellen, das Klären vom Zusammenwirken zwischen Kopf und Genick, Hals und Rumpf zum Gesäß, Schultern und Brustbein etc.

Nach dem Erlernen der Techniken zum Erlagen von Gleichgewicht steht das »Wollen«. Der Reitlehrer muss das »Wollen« im Pferd und in seinem Reiter erkennen. Ein springbegabtes Pferd muss dennoch ein Springpferd sein wollen. Ich kann dem Reiter die Sitzpositionen erklären und mit ihm üben. Sie graduell variiert einsetzen, das muss er wollen.

Erst nach dem Wollen kommt das Handeln. Es kann ein mit leichter Hand eingebrachtes Handeln sein, das über Wiederholung mehr oder weniger geklärt wird. Es kann ein Handeln sein, dessen »Bauplan« aus Einzelteilen beseht und die probiert werden. Beide Versionen sind richtig und können einander abwechseln und/oder ergänzen. Das »An-den-Zügel-Reiten«, ist davon genauso betroffen, wie das Angaloppieren oder das »Kurz kehrt«, die Hinterhandwendung aus dem Schritt.

Nach dem Handeln und auch zwischendrin sollte immer eine Pause zur Verfügung stehen. In der Pause können Sie Ihre Aufmerksamkeit für ein neues, aufmerksames, achtsames Handeln auffrischen.

In der Pause können Sie den neu eingefahrenen Ist-Zustand realisieren und klären. Sind z.B. Pferd und Reiter in Atemnot, wenn sie ausgaloppiert sind oder schnauben und schnaufen beide zufrieden ab und durch? Die Fähigkeit des Reiters und des Pferdes, Pausen zu machen, ist ein wertvoller Baustein auf dem Weg zur Freude beim Reiten. Nehmen Sie sich innerhalb einer Reiteinheit Zeit für ein oder mehrere Pausen. Es gibt auch

■ *Marcia und Winny spielen. Das ist eine gute Schule für die Aufmerksamkeit.*

dieses Innehalten innerhalb eines Vorganges. warten können. Das ist freundlich. Das hat Erfolg. Sie legen z.B. eine Kurz-Kehrt-Wendung an und streben dabei nach der Verwirklichung einer fließenden, rhythmischen Ausführung. Währenddessen gelingt es dem Pferd nicht, unter Ihr inneres Sitzbein zu kommen oder es steckt mit dem inneren Hinterfuß fest. Erneuern Sie den Vorschlag deutlicht. Warten können. Ausatmen. »Hm Hm Hm«. Sie haben die Schritt-Pirouette noch nicht beendet und reiten aus ihr heraus, z.B. in die Diagonale? Auch das ist eine Pause. Das Erlernen einer Technik, die Umsetzung und das tatsächliche Handeln bedürfen zum Erreichen von Qualität der Fähigkeit, Pausen zu machen. Auch der kleine Ausritt statt Lektionen weiter zu üben macht als Pause einen Sinn. Entlastung der konzentrierten Aufmerksamkeit für eine neue Aufmerksamkeit.

Neben der Basis der Entwicklungspyramide und den beiden Außensträngen können Sie Gleichgewicht durch die Punkte im Inhalt der Pyramide klären. Sie sind die Gleichgewichtsmerkmale.

Wie steht es um Ihre Körperbeherrschung und die Ihres Pferdes? Reagieren Sie beide logisch und erwartungsgemäß auf ein Wort oder einen Impuls?

Die kleine Romina weiß, dass ihr schönes dickes Knabstrupper(mix)pferd Tamino beherrscht, bewusst, gut koordiniert und zart ist. Wenn er in der Box zur Seite treten solle, spricht sie ihn leise an: »Komm mal rum!« und piekst ihn ganz zart mit dem Zeigefinger. Tamino, jung und unausgebildet, tritt höflich herum. Die Körperbeherrschung von Pferd und Reiterin ist optimal. Tamino hört auf das leiseste Wort, reagiert darauf und nimmt das kleinste Zeichen als Hinweis oder Hilfe. Sie versteht es, den klaren Gedanken in leise Worte zu fassen und mit richtungsweisenden kleinen Zeichen zu unterlegen. Dann bekommt er ein Leckerli und wird gelobt: »Braaav!«

Natürlich kann Romina nur alleine Taminos Hufe auskratzen. Er hat nämlich Angst, hinzufallen. Das Pferd war wahrscheinlich vorher selten und nur mit »Hauruck« aufgehalten worden. Sie bringt ihm bei, die Füße selber hochzuhalten, indem sie am Röhrbein über ein kleines Kratzen einen Reflex auslöst – und Tamino versteht die Ansage richtig (manche Pferde heben dann z.B. das andere Bein, weil sie über kreuz denken).

Beim Reiten empfinde ich die Körperbeherrschung des Reiters in drei Punkten als elementar wesentlich.

1. Der Zügel in der Reiterhand ist auch eine Hilfe, um sich auszubalancieren und nicht nur das Pferd. Ein Festhalten am Zügel müssen wir uns abtrainieren wollen und das vom ersten Lerntag an. Es ist unfair, weil es dem Pferd weh tut. Es macht grobmotorisch, weil das Pferd »zumacht«. Es löst Angst aus, innerhalb einer Bewegung festgebunden zu sein. Machen Sie Sitzübungen an der Longe, lassen Sie sich führen, fassen Sie ins Sattelriemchen oder in einen um den Pferdehals gelegten Steigbügelriemen. Üben Sie, dem Nicken des Pferdekopfes mit einem Kontakt

Eine insgesamt gute Körperbeherrschung. Mit dem Nachfassen der Zügel kann die Reiterin die Hände weiter vorne tragen.

zur Reiterhand zu begegnen, ohne zu stören. Man muss es wollen. Der eigene Reflex, sich aus Sicherheits- und Dominanzgründen festzuhalten, muss mit diesem Wollen überarbeitet werden. Sonst findet sich das Pferd, als würde ihm einer Kopf und Beine festbinden und es trotzdem losscheuchen.

2. Auch mit dem zweiten Aspekt, der Körperbeherrschung, kann man das Pferd elementar unterstützen oder stören. Beherrschen Sie die Seitigkeit? Das Dransein, zuerst an der einen und dann der anderen Körperhälfte, wie es sich aus dem Gangbild ergibt. Und das bei gleichzeitigem Bewegungsschub nach vorne über das Gesäß. Können Sie die Hände trennen und neu führen? Die Seitigkeit leben, lässt das Schwingen entstehen. Diagonale Gesetze befolgen, z.B. von der rechten Hand in den linken Fuß denken können und umgekehrt. Von der rechten Schulter in die linke Hüfte, vom Gesäßknochen des Reiters zum linken Ohr des Pferdes. Wenn Sie das Gefühl haben, in dem Empfinden von Seitigkeit nachsitzen zu wollen, ist das einhändige Reiten sehr hilfreich und wiederum das Reiten mit geschlossenen Augen. Eine Sequenz lang die Augen zu schließen, um zu spüren, wie Sie

das Pferd in die Seitbewegungen alternierend hereinnimmt.
Auch am Pferd ist das Erkennen seiner Seitigkeit wichtig. Wenn es im Galopp linksherum schlechter läuft als rechtsherum, ist es nicht mit Ihnen maulig! Es wird aber maulig werden, wenn Sie es linksherum forcieren und nicht fördern, da es sich dann ja nicht anders als über Kraftreserven einbringen kann.

Es gibt fast immer eine unentwickeltere, nachhängende Körperhälfte beim Pferd und auch beim Menschen. Lockern Sie diese, damit Sie dort an den Bewegungsabläufen teilhaben und die andere Seite nicht überbelastet wird. Erkennen Sie an, dass Bewegung eine Seitigkeit mit sich bringt. Schulen Sie genauso Ihre rechte und Ihre linke Hand und den rechten wie den linken Fuß. Lernen Sie das Pferd von allen Seiten kennen – es soll

Einen Moment die Augen schließen und das Antreten der Hinterhand spüren ...

auch Sie von beiden Seiten kennen lernen. Beobachten Sie dann den Aufriss beider Seiten und den Aufwand zur Bewegungsvorgabe. In der Seitigkeit liegt die Chance auf Beweglichkeit.

3. Sie müssen lernen, sich selbst und Ihre Emotionen zu beherrschen. Sonst funktioniert das Zusammenspiel zwischen Pferd und Reiter nicht. Sind Sie mit Ihrer vortreibenden Hilfe nicht durchgekommen und boxen jetzt mit den Fersen nach? Das geht gut, solange das Pferd tatsächlich nach vorne antritt und Sie diesen Aha-Effekt mit Mindern oder Aufhören der Strafe quittieren. Wenn Sie dem Pferd einfach nur mit den Fersen in die Rippen treten, ohne zu registrieren, wann und wie das Pferd reagiert und ob es Sie verstanden hat, ist es durch Ihre Unbeherrschtheit aus dem Prozess, in dem es lernt, genommen worden.

Wenn der Reiter beim Aufsitzen in den Sattel plumpst, hat er die Körperbeherrschung verloren; wenn das Pferd dadurch nach vorne antritt, hat es ebenfalls seine Körperbeherrschung für das gewünschte Stehen nach dem Aufsitzen verloren. Wenn der Reiter dann Insterburger-Paraden in die Zügel haut, hat er seine Selbstbeherrschung verlo-

Eine Stangengasse zu durchreiten schult die Raumorientierung.

ren; wenn das Pferd daraufhin quietschend hinten rausschlägt, hat es ebenfalls seine Selbstbeherrschung verloren.

Körperbeherrschung kann man schulen, indem man Schritt für Schritt überprüft, ob, wenn »Kopf« – »Hand« meldet, »Hand« auch reagiert. Und wenn »Hand« berührt wird, ob »Kopf« auch reagiert. So können Sie durch den ganzen Körper gehen und auch durch den Ihres Pferdes.

Der Gleichgewichtssinn will Körperbeherrschung, weil er sich ständig anpassen muss. Dazu braucht es Sie als Meister vom Reiz zur Reaktion und vom sprechenden Körperteil zum Denken und Empfinden im Gehirn.

Die Orientierung im Raum ist die leicht zu überprüfende und existentiell wesentliche Hilfe, das Selbst optimal einzubringen. Die Raumorientierung kann über ein mangelhaftes Angebot an Ecken und Kanten, Anregungen und Aufregungen, in der Sie oder das Pferd ursprünglich umgebenden »Wohnlandschaft« und »Welt« verloren gehen oder sich nicht entwickelt haben. Dressur und Springen sowie der gehobene Geländeritt verlangen von Pferd und Reiter ein enorm ausgereiftes Potential an Sicherheit für seine Umgebung. Über die Hilfengebung, Sitz und Einwirkung des Reiters wird vorausgesetzt, dass Pferd und Reiter den Raum, in dem sie sich befinden, gut kennen.

Wenn das beim Pferd nicht so ist, kann sich das folgendermaßen äußern: Es gibt einige Pferde, die Angst bekommen, wenn ihnen Pferde entgegenkommen. Sie können den Platz nicht einschätzen, der ihnen zur Verfügung steht.

Andere Pferde stolpern über jede Schwelle oder drücken über dem kleinsten Sprung zu früh ab. Ihnen fehlt das »Stangengefühl«. Auch dieses ist schulbar. Dazu gibt es außerdem viele Reiter, die ihre Pferde über den kleinsten Sprung zu früh oder zu energisch abspringen lassen. Ihnen fehlt das Gefühl für Distanzen und Höhen. Auch das können Reiter lernen.

Viele Reiter mögen es nicht, wenn acht, zehn oder vierzehn Pferde in der Bahn sind und durcheinander reiten. Sie verlieren den Überblick und wissen nicht, wo sie hinreiten können. Ab und zu mit solch eine großen Anzahl Reitern in der Bahn zu sein, ist eine gute Vorübung für die Teilnahme an Veranstaltungen.

Das Kleben an der Bande der Reitbahn oder die Fähigkeit bzw. Art und Weise, diese zu verlassen oder dort anzukommen, hat mit Raumgefühl zu tun. Mit Sicherheit sind wir gelassener, wenn wir uns im Raum gut orientieren können und uns gut auskennen.

Pferde zeigen ihr Raumgefühl auch beim Einsteigen in den Transporter. Der »Kasten« ist zwar klein und klapprig, dennoch kann ein Ausflug dabei herausspringen, wenn man einsteigt ... Wenn die Pferde wissen, dass sie in den Hänger reinpassen und auf einen Ausflug Lust haben oder darauf, nach Hause zu fahren, steigen sie gerne ein. Ich überprüfe bei jedem Pferd mehrere Unterscheidungen im Raum. Ich kläre rechts und links. Nimmt das Pferd den rechten Zügel besser an oder den linken. Den rechten Schenkelimpuls oder den linken. Läuft es leichter unter das rechte Sitzbein oder das linke. Kennt es den Abstand rechts von sich zur Bande, zum Wasser, zur Straße etc. oder den Abstand nach links. Was es nicht kann, übe ich mit ihm. Jedes Pferd und jeder Mensch sind losgelassener und eher bereit, wenn sie wissen, wo sie stehen und wie viel Platz sie haben. Pferde können im übrigen die Begriffe rechts und links sehr gut lernen. Das ist sehr hilfreich beim Erkennen der Stimmhilfe zum Rechts- und Linksgalopp und beim fliegenden Wechsel. Ich kläre oben und unten. Schon beim Hängerfahren fängt es an, Sinn zu machen. Große Pferde stehen in kleinen Kisten. Wenn sie den Kopf hochnehmen, können sie leicht denken, dass sie nicht reinpassen. Sie reinzujagen, ist kein Lernvorgang, denn auch die Höhen-Tiefen-Abschätzung wird dabei nicht installiert. Ich bringe ihnen über ein Hantieren, Aufnehmen und Parieren am einzelnen Zügel bei, sich die Halswirbelsäule in jedweder Position oben-mittig oder unten einstellen zu lassen. Das klärt das Verständnis für Dressurreiten, Gehorsam und auch für das Hängerfahren. Höhen-Tiefen-Abschätzung benötige ich natürlich am Sprung und beim Durchreiten z.B. von Unterführungen. Hierbei muss das Pferd sich in der Höhe mit dem Reiter auf seinem Rücken taxieren.

Wir benutzen Plastikplanen, Leinen, Folien etc., um das oben und unten, auch den Abstand nach rechts und links zu klären. Die zu überwindenden 10–30 cm hohen Ebenen am Boden können nach meinem Dafürhalten auch Vierkanthölzer oder Baumstämme mit Borke sein. Ich zwinge das Pferd ja nicht hindurch, so dass es auf einmal angstvoll umherspringt und sich verletzt. Ich leite es hindurch. Die Vorsicht vor dem Anstoßen nehme ich mit in den Lernprozess hinein. Zuerst kommt meine Anfrage über Positionierung und Zupfen am Zügel, die Stimmhilfe: »Komm an« »Scheritt« »Voran«. Vortreibende Hilfen setze ich erst ein, wenn das Pferd sich verständig zeigt und für die Lektion bereithält.

Auf verschiedenen Böden mit dem Pferd zu arbeiten ist ratsam für die Entwicklung belastbarer, gesunder Hufe. Eben kommen wir vom Ausritt zurück und mit Interesse sah ich, wie das Dressurpferd meiner Tochter in den Bergabstrecken der Landwege in die Luft stelzte. Bergauf mit geringer Neigung stockte der Bewegungsablauf und der »Motor« wollte fast ausgehen. Obwohl es sich um ein geländesicheres Pferd handelt, ist es nicht »bodensicher«. Es wird ihm und seinen durchaus guten Dressuranlagen gut tun, sich auf unebenem, geneigtem Boden im Rücken zu lockern und unauffällig zu laufen. Auffallend bei ihm ist auch, dass ihm der Atem stockt, wenn er sich konzentriert. Auch diese Angewohnheit hält ihn hoch und leicht und ist dennoch inkompatibel zum effizienten Bewegen.

Bei unserem wöchentlichen Ausritt können wir Grundlagen überprüfen und die Natur gemeinsam und entspannt genießen. Boden finden – ausatmen – Atem zurückkommen lassen. Trotz der Erdanziehungskraft haben wir uns weiterentwickelt in den Raum hinein. Gebunden an Vorbilder, Erinnerungen und Gewohnheiten mit dem Begleitpaket unentdeckter Angst kommen wir oft nicht zu unserem Potential an Leichtigkeit nach oben. Wie hoch ist der Abstand zur Decke über uns, der wir uns entgegenstrecken? Wie recken und dehnen wir uns in den

Raum hinein – Reiter und Pferd? Oder bleiben wir unterhalb unserer Möglichkeiten zur Aufrichtung?

Die Ziele beim dressurmäßigen Gymnastizieren sind überall gleich – Versammlung – Selbsthaltung – Aufrichtung. In der Aufrichtung haben Pferd und Reiter eine starke Ausstrahlung – hoch und weit. In der Realität sehen viele Pferde während der Dressurarbeit nach weniger aus als auf der Weide. Das ist ein schlechtes Zeichen.

Ebenfalls weiß ich bei jedem Pferd, das ich reite, wie es mit dem Raum direkt vor ihm oder direkt hinter ihm umgeht. Viele Pferde richten sich nach den angelernten Anweisungen des Reiters und laufen so vor sich hin. Ihr Sichtfeld nach hinten nutzen sie eher gar nicht, obwohl sie mit ihrem Blickfeld fast ringsherum Einsicht hätten. Wenn Sie also nach vorne nicht offen hineinsehen mögen und nach hinten den Blick nicht einsetzen, wie ausstrahlungsstark und effizient sind Sie dann? An der Hand und auch beim Reiten teste ich: Wie verhält sich das Pferd, wenn es frontal in neue Richtungen hineingesetzt wird? Spitzt es beide Ohren und läuft es etwas stockend oder schwanken oder »geht es hin«? »Er geht hin«, »die Stute geht hin«. Der »Professor« unter den Pferden »geht hin«. Es handelt sich um eine unaufgeregte, fließende Bewegung ohne Abweichungen, wie geschient zwischen zwei Spuren. Der Reiter fühlt sich mitgenommen. Auch vermeiden viele Reiter das Reiten nach vorne. Sie kringeln vor sich hin. Das reelle Geradeaus will sich nicht erstellen lassen. Es handelt sich bei dem Vorgang jedoch um Meilensteine auf dem Weg zur Bewegungsfreiheit. Merken Sie sich das Hingehen. Wenn Pferd oder Reiter nicht »hingehen«, gibt es Gründe. Vielleicht sind die Augen nicht in Ordnung. Das kommt auch beim Pferd relativ häufig vor – Kurzsichtigkeit oder Fehlsichtigkeit aus Ermüdung oder Verspannung. Vielleicht setzt das Pferd seine Augen (und andere Sinnesorgane) nicht richtig auf dem Weg nach vorne ein. Es hat resigniert oder ist völlig introvertiert. Vielleicht ist das Pferd rangniedrig und vertraut gleichzeitig nicht auf die Souveränität des Reiters. »Es geht einfach nicht hin!«

Augen, die tränen, wischen wir täglich sauber mit dem Ärmel oder einem Stallhandtuch. Bei kurzsichtigen Augen testen wir den Grad der Fehlsichtigkeit und trachten danach, das Pferd zu entspannen und auch während der Arbeit entspannt zu behalten. Den resignierten Augenausdruck holen wir zurück. Das Pferd soll optimistisch und mit Freude arbeiten sowie seine Erfolgserlebnisse spüren. Es müssen nicht in jedem Fall die Augen der Störfaktor sein, aus dem heraus das Pferd nicht nach vorne geht. Vielleicht hat das Pferd Bedenken, dass ihm etwas passiert, weil es wenig kennt oder es sich in seinem Körper nicht wohl fühlt und daher ständig auf sich aufpasst. »Geht Ihr Pferd also hin?«

»Geht es auch rückwärts hin?« Können Sie Ihr Pferd beim Reiten und vom Boden aus in den Raum hinter sich rückwärts treten lassen? Rempelt es dabei die Katze an, die zusammengerollt in der Ecke liegt und schläft? Oder marschiert es erst gar nicht los und endet in der Position, die »die Bergziege« heißt (= Vorder- und Hinterfuß stehen zu-

■ *Wichtig ist, ob das junge Pferd »hingeht«. »Das Pferd geht hin!«*

sammengeschoben). Mit welcher Treff- und Trittsicherheit soll die Lektion »Rückwärtsrichten« umgesetzt werden, wenn das Pferd nicht geübt hat, den Raum hinter sich zu erkennen. Denken Sie an die Skala der Ausbildung. Der klassische Wegweiser zur Entwicklung des Pferdes? Takt. Losgelassenheit. Anlehnung. Schwung – Geraderichten. Versammlung. Manche Lehren möchten das Geraderichten vor dem Schwung sehen oder umgekehrt.

Ohne Kopf-Hand-Koordination in der Körperbeherrschung und ohne entwickelte Orientierungsfähigkeit im Raum ist das Entfalten des Ausbildungsplanes nach der Skala in der Synchronabstimmung vom Einsatz der rechten und linken Körperhälfte unmöglich. Zuerst wird das Gefühl im Raum wahr gemacht und danach Takt und Losgelassenheit verwirklicht. Die Entwicklungspyramide steht also weit vor der Skala der Ausbildung, um diese überhaupt möglich zu machen.

Bei Pferd und Reiter kann man Gleichgewichtssinn (fast) nicht einkaufen oder voraussetzen. Wenn die Umgebung und die Anforderungen sich verändern, muss man überprüfen, ob die Anpassungsleistung noch da ist – psychisch und physisch. Gleichgewicht ist erlernbar und reinstallierbar. Ignorieren können wir es nicht.

Wenden wir uns der Fähigkeit zur Rotation zu. In einem meiner Kurse durfte ich ein beim legendären Tom Dorrence ausgebildetes Cutting Horse reiten. Die Quarterstute »Chex«. Sie brachte mir den »Spin« bei. Die zentrierte Drehung um die Mitte im hohen Tempo mehrfach herum. Ein tolles Gefühl. Rotation wird in seinen Anfangsschritten in jede Richtungsänderung erforderlich. Wichtig für Rotation ist, sich in sich selber nicht zu widersprechen. Sie drehen sich wie die Tanzfigur auf einer Spieldose. Es fehlt Ihnen die Plattform, die sich mitdreht. Also müssen Sie mit Ihren Füßen den Boden verlassen, neu Auffußen und die Zehenrichtung verändern. In den Knien und Hüftgelenken passen Sie sich dabei an.

In Ihrem Bauchnabel haben Sie einen Suchscheinwerfer installiert, mit dem Sie das ganze Areal im Kreis herum ausleuchten. Im Becken drehen Sie automatisch mit und – um Ihre Knie zu schonen – könnten Sie auch die Füße mitnehmen und dabei die Zehenrichtung ändern. Wie eine Tanzfigur sind Sie nur dann unterwegs, wenn Sie sich im Brustkorb mitdrehen. Dazu können Sie sich in der Drehung helfen, indem Sie die Augen die Rotation führen lassen oder ihr folgen. Sie wollen mit den Augen den Kontakt zur Bewegung behalten. Für das Pferd ist die Rotation auch schwer zu leisten. Es neigt dazu, sich mit der Vorhand stärker einzusetzen als mit der Hinterhand. Hierzu muss es herangezogen und ermahnt werden. Freundlich ermahnt. Geschient in drei Achsen ändert es aktiv die Zehenrichtung und fußt auch im Hinterbein neu ab. Rotation ist die Drehung um eine Mitte. Wir können sie gut über ein Längen aus den Spiralengesetzen heraus aktivieren. Denken Sie sich Spiralfedern vom Becken über die Wirbelsäule und Halswirbelsäule durch den Kopf. Gehen Sie in die Rotation und längen Sie sich dabei mit inneren Spiralen aufwärts. Nehmen Sie das Pferd darunter mit, indem Sie seine Balance nicht stören, sondern es sachte zwischen zwei

Händen, Zügeln, Knien und Füßen einrahmen. Variieren Sie dabei die Zügellänge. Damit das Pferd das Horchen lernt und das Vertrauen in Ihre und seine Mitte. Seiner Mitte kann man sich bereits bewusst sein, wenn man ganz klein ist und damit auch eine gute Rotation. Auch als Pferdekind. Es gilt jedoch, diese Fähigkeit zu beobachten, zu erhalten und zu fördern.
Die nächste Stufe in der Entwicklungspyramide ist die Bewusstheit. Ich weiß dann in Teilschritten und Bausatzelementen der Bewegung und Beweglichkeit, was ich tue.

Bewusstheit ist ein Instrumentarium aus abgespeicherten Bewegungsentwürfen und Zusammenhängen.

Das Handeln ist im ersten Schritt nicht automatisch. Ich wiederhole nicht eine Übung automatisch, weil ich den Befehl dazu bekommen habe oder weil ich denke, dass es gut ist, über Wiederholung zu üben.
Ich übe Elemente der Bewegung in isolierten Ausschnitten aufmerksam, achtsam und bewusst ein. Dafür benötige ich einen Freiraum für Information, Zeit und Wiederholung. Nehmen Sie als Beispiel das Reiten einer Volte von sechs, acht, zehn oder mehr Metern im Durchmesser. Viele Reiter nehmen sich eine Volte z.B. in jeder Ecke vor, andere Mitte der langen Seite, innerhalb einer Schlangenlinie ... Oder der Reitlehrer macht eine Ansage: »Volte, marsch!« Erstaunlich ist, wenn das Gelingen dieser Volte vom Reitlehrer oder vom Reiter selbst kaum bis gar nicht überprüft wird. Manchmal wird zur Kenntnis genommen: »Oh, das war nichts!« Und führt dennoch nicht zur Wiederholung der Übung mit dem Ziel, die Volte zu verbessern. Und zwar sofort. Eine richtige Volte zu reiten, sollte Ihr Ziel sein. Qualität hat »Eckmerkmale«, z.B. den in der Volte durchgängig gleichen Abstand von einem Mittelpunkt aus. Der Ausgangspunkt der Volt ist auch der Punkt, an dem Sie ankommen. Das Pferd soll seine parallelen Außenlinien durchhalten und nicht schwanken oder ausfallen. Rhythmus ist oberstes Gebot. Insofern braucht man ganz bestimmte Informationen, um Qualität erreichen zu können. Bewusstheit ist die Überprüfung der Information mit dem gleichzeitigen klaren Verständnis für das jeweilige Gleichgewicht. Wir üben eine Bewegung nur auf der Basis, dass ihr Gehalt bekannt ist und vertraut und spürbar gemacht wird. Das Gleichgewichtsgefühl bekommt eine höhere Wertigkeit als die Lektion. Die Lektion ist Gleichgewicht und erhöht Gleichgewicht. Dazu ist »Bewusstheit« unsere Methode: Wir wissen, was wie zu tun ist und können unser Tun überprüfen. »Reite eine Volte« heißt: einen Kreis von 6, 8, 10, 12 m zu kennen und auch anlegen zu können. Das Zufriedensein mit der Lektion zeigt sich im sparsam leisen Lob und immer wieder durch Pausen. Bewusstheit gibt ein solch' reiches und unbeschwertes Gefühl, dass Sie nicht mehr ahnungslos z.B. beim Reiten einer Volte »herumkurven« möchten. Das »innere Bild«, das Sie von der Bewegung haben, die »Eckmerkmale« im Bewegungsablauf und die aufmerksame Überprüfung von jedem Abschnitt der Bewegung ergiben ein gefühltes Gleichgewicht und das zufriedene Gefühl,

Viele Reiter haben ein wundervolles Pferd ... Man muss warten können, um Gleichgewicht zu erlangen.

das entsteht, wenn wir uns nur einer Sache (und dafür ganz) widmen. »Reite eine Volte bei E!«

Gleichgewicht funktioniert auf der Basis, dass jede Bewegung ihren »Faktor Zeit« zugestanden bekommt.

Das ist die Zeit, in der die Bewegung angelegt wird, der Zeitrahmen, in dem die Bewegung selber steht und der Zeitpunkt, an dem sie beendet wird. Dazu kommt die zeitliche Abfolge, in der zu der Bewegung gehörende Handlungsabschnitte in einzelnen Körperregionen ihren Beginn und ihren Verlauf nehmen.

Zeit in einer Bewegung können wir hören lernen. Sie ist nicht laut und rumpelig. Zeit in einer Bewegung können wir tasten lernen. Sie ist dann nicht stockend und rutscht nicht aus der Spur. Zeit braucht selber Zeit. Man muss warten können auf den Anfang der Bewegung, bis er den Gehalt trägt. Gleichgewicht zu erstellen ist eine Abfolge, in der Sie die Zeit freihalten müssen für den Anfang, den Verlauf und den Ausklang der Bewegung oder ihr Beenden. Den Zeitfluss durch die Bewegung nennen wir auch »Timing«.

Viele Reiter haben ein wundervolles Pferd, haben aber keine Ahnung davon, wie belastbar es ist.

Einige Reiter begeben sich in leichte, mittelschwere oder schwere Prüfungen und wissen nicht, wie belastbar sie selbst sind. Gleichgewicht ist ein solch' filigraner und momentaner Zustand, der schnell vorbei ist und neu gebaut werden muss. Es kommt aus einem Moment, der stark ist und nicht aus einem der schwach ist. Kann mein Pferd in den Jungpferdeprüfungen antreten oder ist es noch nicht stark genug? Hängt es in seinen Reifungsprozessen, den in den Prüfungen von ihm erwarteten Anforderungen hinterher? Ist der Reiter zu schwer? Wenn das Pferd im Rücken »taucht« oder es in den Hinterbeinen einsackt, ist der Reiter zu schwer. Ist die Tagesanforderung zu hoch? Möchte das Pferd den Hof nicht für einen Ausritt verlassen, weil es gestern auf dem Ausritt nur auf pickeligem, hartem Boden laufen musste?

Das Gestern bestimmt die Belastbarkeit mit. Wenn das Pferd heute zögerlicher geht, kann der Grund dafür in den Trainingsinhalten von Gestern liegen.

Wie viel wurde mit ihm galoppiert, wie viel Biegearbeit stand an, wurde eher Basisarbeit abgefragt oder mehr Lektionen geritten? Wie steht es mit der geistigen Belastbarkeit des Pferdes? Wie viel ganze Paraden zum Halten gab es? Und wie hat das Pferd darauf reagiert? Wie viel und wie oft wurde der Pferderücken beim Reiten entlastet, wie oft kam es zum qualitätvollen Aussitzen? Hat dem Pferd das gut getan?

Die Faustregel ist, das Pferd am Vortage immer so einzusetzen und zu belasten, dass es sich am nächsten Tag etwas verbessert einbringen kann.

■ *Suggession und Stimmhilfe unterstützen die Suche von Pferd und Reiter nach Gleichgewicht.*

Die Belastbarkeit nicht berücksichtigen heißt, Gleichgewicht zu eliminieren. Gleichgewicht zu eliminieren heißt, Lernfortschrift und Leistungsbereitschaft vermindern.

Nebenbei erhalte ich das Pferd innerhalb seiner Begrenzungen gesund, wenn ich seine Belastbarkeit erkenne und mich danach richte.

Ein häufiger Fehler, den der Reiter in Bezug auf die Belastbarkeit seines Pferdes macht, ist beim Springen zu suchen. Zu früh, ohne Rhythmus, zu eng, zu hoch, zu zahlreich an Hindernissen. Bauen Sie lieber kleine Kreuzsprünge in Ihre Dressurarbeit ein, sowohl innerhalb einer gerittenen Acht als auch auf einigen Diagonalen. Bleiben Sie ruhig und bestimmt, denken Sie nicht an den Sprung, sondern an den Weg. Und hohe Sprünge überwinden Sie erst, wenn Sie es wollen, sich vom Pferd mitnehmen zu lassen.

Eine weitere Überlastung, mit der Sie dem Gleichgewicht schaden, liegt im überwiegend eingesetzten dringlich, schweren, fordernden Sitz des Reiters und dem überwiegend eingesetzten Aussitzen. Dadurch übermüden der Rücken und die Beine des Pferdes. Und auch die des Reiters.

Was auch häufig vorkommt – sogar schon im Anfängerunterricht und erst recht bei den Profis – ist die Überdosierung der Lektionen im Vergleich zur Basisarbeit.

Wer die individuelle Belastbarkeit ignoriert, schwächt die Aufmerksamkeit und damit die Qualität in der Umsetzung einer Bewegung.

Der Plan oder die Suggestion

Aus dem »Ich-Bin« entsteht das Vorhaben, aus dem Vorhaben entsteht der Plan und aus dem Plan kann die Suggestion angewendet werden. Wenn Sie »erlebnisorientiert«

durch Wald und Feld reiten, brauchen Sie den Plan nicht. Wenn Sie »entspannungsorientiert« reiten, hauptsächlich endlich einmal nichts tun zu müssen, brauchen Sie die Kenntnisse über Suggestion und Gleichgewicht nicht. Sie brauchen diese Kenntnisse jedoch, wenn das Reiten für Sie bedeutet, an sich und an Ihrem Pferd zu arbeiten, an Ihrem Lernfortschnitt und an seinem. Wenn Sie mehr Gleichgewicht finden wollen und es Ihrem Pferd erhalten wollen. Wenn Sie sogar gemeinsam Ihr Gleichgewicht finden wollen, als wären Sie ein Corpus – Pferd und Reiter – dann ist das Planen und das Anwenden der Suggestion sehr hilfreich und macht stark.

Die Suggestion ist das Vorlegen des Bildes für die angestrebte qualitätvolle Ausführung einer Figur, eines Taktes oder eines Zusammenklanges.

Nehmen Sie als Beispiel die Hinterhandwendung aus dem Halten bzw. die Kurz-Kehrt-Wendung aus dem Schritt. Die Übung ist insofern schwierig, da kein Bein steht und dennoch das innere Hinterbein das »Zentrum« bildet, um das das Pferd herumtritt. Dieses Hinterbein aktiv tretend zu erhalten, kann Ihr Plan sein und als klares Bild (Suggestion) dem Pferd vorgegeben werden.

Das Pferd sollte in der Hinterhandwendung in die Bewegungsrichtung gestellt sein. Manche Pferde kriegen in der Lernphase dann den Appell in das Hinterbein nicht. Sie weichen nicht vor den äußeren verwahrenden Hilfen oder kommen »über den Zügel«, indem sie sich vorne, oben herausheben. Hier hilft wiederum, sich das klare Bild von der gewünschten Form vorzulegen. Das Pferd kann dann die Kombination von seitlich übertreten, fast auf der Stelle treten, einen kleinen Kreis im Hinterbein beschreiben und »in Stellung« sein besser verstehen.

Der klare Plan als Bild der angestrebten Form vorgelegt, ist ebenfalls immer sehr wirksam beim Angaloppieren auf gebogenen Linien inklusive dem Wechsel vom Kontergalopp zum Handgalopp.

Auf den gebogenen Linien sitzt der Reiter geöffnet in Schrittstellung mit dem vortreibenden inneren Schenkel lotrecht herabsinkend (fast am Gurt) und dem äußeren – die Hinterhand vor dem Ausfallen verwahrenden Schenkel – etwas hinter dem Gurt. Das Pferd mag z.B. aus Gründen mangelnder Losgelassenheit oder aus Mutwilligkeit angaloppieren, statt die gebogene Linie auszuformen. Auch wenn der Reiter das Missverständnis verursacht, weil er aus dem Balancetempo heraustreibt oder schief sitzt.

Der klare Gedanke zum Vorhaben – ich möchte traben, ich möchte galoppieren, ich möchte Handgalopp, ich möchte Kontergalopp – mit dem entsprechenden Bild ist ungeheuer hilfreich und funktioniert insbesondere bei intelligenten, ambitionierten Pferden bestens.

Wenn Sie mit sich selber nicht klar sind, können Sie sich mit der Stimmhilfe unterstützen. Diese kann leise sein, fast geflüstert und dennoch gibt das Wort sich als Bild weiter und klärt den Vorgang.

Ein weiteres Beispiel für Suggestion möchte ich für das Reiten im Springparcours zur Verfügung stellen. Viele Pferde springen zu früh oder zu mächtig ab. Manche Pferde laufen am Sprung vorbei, da sie dem unruhig,

Schülerin, Reitmeister und Pferd sind ein Team auf dem Weg zum Gleichgewicht.

zaghaften Vordenken des Reiters gefolgt sind.

Denken Sie um! Geben Sie sich und dem Pferd das Bild vor, wie Sie rhythmisch und unauffällig den zur Verfügung stehenden Weg gemeinsam reiten, den Raum ausnutzen. Irgendwo dazwischen ist der Sprung. Nicht zuerst das Herz hinüberwerfen und dann hinterherspringen, sondern sich ein Bild machen von sich in professioneller Grundruhe, wie Sie ohne Aufwand den Raum am Sprung ausnutzen und das Pferd springen lassen. Wir werden nur mitgenommen. Leben Sie reitend Suggestion.

Das Unterbewusstsein

Das Unterbewusstsein lebt uns. Das Unterbewusstsein reitet mit. Unser Unterbewusstsein ist so hilfreich dafür, dass wir nicht andauernd nachzudenken brauchen, sondern es in seinen abgespeicherten Automatismen wirksam werden kann. Die Ampel springt auf rot und wir bremsen durch.

Nehmen Sie das Beispiel vom Longieren. Vielleicht drückt das Pferd in den Kreis hinein. Es kommt gewissermaßen auf Sie zu. Der Reflex aus dem Unterbewusstsein ausgelöst mag heißen: »Ich gehe zurück, damit das Pferd mich nicht umrennt!« Tatsächlich longiert das Pferd dann Sie! Die Faustregel heißt: »Das Pferd muss weichen.« Sie lernen in Teilschritten und Positionen, das Longieren zu meistern. Neutral stehen, treibend stehen, das Pferd schicken. Ruhige Hand. Führende Hand. Das Pferd nicht hereinziehen. Das ist Bewusstheit. Wiederholte, geklärte Bewusstheit setzt sich im Unterbewusstsein ab und wird als Automatismus wieder auftauchen: »Das Pferd muss weichen!« Es kann auch heißen, den Irrtum des (jungen) Pferdes zu erkennen, das an der Longe losbrummt. »Hast Du Platzangst? So war es doch nicht gemeint.« »Immer mit der Ruhe.«

Es ist wesentlich für das Erlangen von Gleichgewicht, dass Reiter und Reitlehrer die »Mächte« aus dem Unterbewusstsein des Reiters erkennen, da das Pferd sie laut hört und oft erhört. Als »Bewegungsmaster« können Sie das Unterbewusstsein neu anlernen.

Beachten Sie auch die Botschaften aus dem Unterbewusstsein der Sie umgebenden Pferde. Hängerfahren! Wird dem Pferd gemeldet: Nach dem Aussteigen gibt es Spaß und Spannung! Wenn ich wieder einsteige, geht es heim! Oder ist dort abgespeichert: »Ich werde verkauft! Ich komme nie wieder!« Sie können lernen, das Unterbewusstsein zu hören und ebenfalls lernen, es neu einzuspeisen.

Die Entwicklungspyramide für Gleichgewicht sollte immer auch das Fühlen beinhalten. Reitgefühl, Gefühl für das Pferd, das Spüren von sich selbst.

Selber im Gleichgewicht zu sein, ist ein spürbar wunderbarer Zustand. Es fühlt sich rund an, machbar, wiederholbar, selbst produziert und dadurch beherrschbar. Gleichgewicht ist gut.

So geht es auch dem Pferd. Da will es hin. Wenn wir dahin können, wohin wir wollen, ist alles spürbar gut. Das Pferd kann spüren, wenn unsere Hilfen Verbesserungsvorschläge sind. Es trägt uns. Wenn wir dabei Gleichgewicht suchen, macht es spürbar mit. Schon die Suche birgt so viel Erleichterung in sich. Nicht irgendwas wird irgendwie bearbeitet. Es wird ein Weg gesucht, der Funktion und Gefühl erstellt. Es ist mit das Schönste am Reitsport, dass wir eine neue Landschaft zur Verfügung gestellt bekommen, um Gefühl zu erwerben. Nicht das Mitgebrachte aus der Arbeitswelt zählt, aus der Schule, aus den Kindertagen. Es bedarf einer guten Anleitung. Ich erinnere mich immer an einen Videofilm über einen englischen Militaryreiter, der seinen Dressurunterricht von einer englischen »Miss« mit Kopftuch und langem Mantel bekam. Respektvoll horchend ritt er ruhig zu den Anweisungen eines »Queen-Elizabeth-Doubles«. Der Kontrast war so stark und der Eindruck von Nähe und Reitgefühl. Alte Reitmeister, die sich an ihr Motiv noch erinnern können, das sie ans Pferd brachte: Eugen Wahler, Oberst von Ziegner, Dieter Bruhn. Dieser sagte nach einem langen Sonntag in der Reithalle: »Was für ein schöner Beruf! Was kann es denn Schöneres geben, als abends noch einmal durch die Stallgasse zu gehen und einen Blick auf die Pferde zu werfen und zu wissen, wie es ihnen geht!« Gefühl gibt Reitgefühl! Reitgefühl kann man lernen, weil es die neu zu bearbeitende »Landschaft« für Gefühl ist. Viele Reitlehrer und Schüler verpassen diese wunderbare Chance, auf die das Pferd sich sofort einlassen würde. Pferde verstehen, gibt Reitgefühl, Reitlehre verstehen, auch. Gleichgewicht leben beinhaltet Kraft und Souveränität zum Erlangen von Gefühl. Mut zum Gefühl, gibt Mut zur Unterscheidung. Wann strotzt das Pferd? Wann hat es Angst? Wann macht es nur Unfug? Wann ist es beim Thema? Ist es beim Thema und wenn nicht, warum nicht? Das Reitgefühl wird über das Lob zum richtigen Zeitpunkt gestützt. Vom Reitlehrer an den Reiter, vom Reiter an das Pferd. Gefühlvoll zu reiten, beinhaltet ein tiefes Wissen und dieses Wissen bereichert. Das Pferd wird zum Freund!

Wir haben ein wunderbares Dressurpferd mit Mängeln und Schwächen. Die machen ein Pferd bezahlbar. Es ist groß und stark, mit viel Gang und Schwung. Es kann sehr viel. Es ist leicht in der Hand und sehr freundlich und zart im Umgang. Es hat ein hörbares Atemgeräusch. Einen Ton. Mal

Am schönsten ist es, wenn man dem Pferd ansehen kann, dass es die Freude teilt.

mehr und mal weniger. Ab und zu hat es Nasenausfluss, weiß, nach dem Hängerfahren, nach dem Reiten. Die Lunge ist ordentlich zugesetzt mit Schleim. An manchen Tagen schnaubt er viel ab, an anderen Tagen weniger. Wenn es drei Stunden geritten wird, ist es matt auf den Beinen oder im Rücken, jedoch freier in der Lunge. Wenn es schonender geritten wird, hat es trotz Koppelgang weniger Luft. Der Atem ist der Strom des Lebens und mit gleichgewichtsfördernden Einstellungen und Strukturen wollen wir den Atem dieses herrlichen Pferdes zur Verbesserung seines Gleichgewichts zurückholen. Oder anders herum: Wenn wir sein Gleichgewicht verbessern wollen, nehmen wir Rücksicht auf seinen Atem. Galoppieren fällt mir dazu ein. Galoppieren macht die Lunge frei! (Auf das Herz achten!)

Das Pferd inhalieren lassen und Hustenkräutermischungen füttern, auch wenn gar kein Husten vorliegt? Oder Salzwasser einsetzen? Oder heißes Wasser ohne Salz? Atmet der Reiter. Beruhigt der Reiter das Pferd, wenn es an Atem mangelt? Wir brauchen den Atem als Baustein für Gleichgewicht. Holen wir ihn uns ab. Dass »Kilian« Luftnot hat, stört uns nicht. Es bleibt genügend Potential und Kraft. Aber es hält uns ab. Es leitet uns durch seinen Trainingsaufbau. Atem finden, Atem beachten, Atem betrachten, beruhigen, einrichten, selber atmen!

Das Zusammenspiel zwischen Pferd und Reiter ergibt sich aus dem unsichtbaren Band des sich Anpassens und des Zusammenpassens. Es ist das Ergebnis von Lernleistungen zum Gleichgewicht im Einzelnen. Weder Pferd noch Reiter verbuchen den Arbeitsgang und den Erfolg für sich alleine. Außerdem stimmen sie sich ab in Bezug auf Richtung, Rhythmus und Schwierigkeitsgrad. Realistische Bestandsaufnahme der Anpassung vom Skelett zur Schwerkraft und Aufrichtung sowie dem Potential und den Schwächen steht am Anfang.

Es besteht die Chance, größer und weiter zu werden und zu wachsen. Der Einschub von Energie auf einem Boden, von dem wir wissen, dass er trägt, gibt neue Kraft. Wenn wir die Natürlichkeit als Basis der Entwicklungspyramide sehen, dann ist die Freude (joy of riding) schon fast übernatürlich. Sie ist so tief empfunden, obwohl es doch eigentlich nur ein bisschen Reitsport ist. Und am Schönsten ist es, wenn man dem Pferd ansehen kann, dass es die Freude teilt.

EPILOG

»Der Geist, der allen Dingen Leben verleiht, ist die Liebe.«
Tschu–Li

Sollte das nicht auch für das Reiten gelten, der schönsten Nebensache der Welt, wie Dr. Eberhard von Velsen einmal sagte, ehemaliger Geschäftsführer des Trakehner Verbands.
Die Umsetzung vieler Reitlehren gelingt nicht, weil der Reiter sein Gleichgewichtsgefühl verloren hat.
Das kann häufig schon vor dem Reiten passiert sein. Es drückt sich im Gangbild der Person aus, die das Reiten erlernen möchte, sowie in seiner Orientierungsfähigkeit im Raum.
Oder es begann mit den ersten Reitstunden, in denen der Reiter eventuell aus Überforderung oder aus einem Angstgefühl heraus, sein Gleichgewicht auf dem Pferd nicht finden konnte.
Die vorherrschende Lehrmeinung der Ausbilder ist dann: »Der Reiter hat kein Talent.«
Positiv, spontan, mit Grundruhe und großer Ausstrahlung – lernfähig und leistungsbereit. So ist im Idealfall das teuer eingekaufte Reitpferd bzw. Reitpony ausgestattet.
Das Pferd würde sich einen Reiter mit denselben Merkmalen aussuchen. Ruhig im Puls, mit klarer mentaler Einstellung, dosiert in den Hilfen.
Zeitlupeneinstellung und Messungen der Puls-Atem-Werte zwischen Pferd und Reiter zeigen auf, dass es dem Reiter besser gelingt, sein Pferd zu »ordnen« als sein eigenes Gleichgewicht einzurichten.
Mit Hilfe dieses Buches bekommt das Pferd einen balancierten Reiter zurück. Gleichgewicht ist nicht nur spürbar, sondern auch erlernbar, das sollte sich jeder, der das Reiten ernsthaft erlernen möchte, einprägen.
Zusätzlich können wir gleichgewichtsstörende Faktoren ausräumen und alles herbeiholen, was die Balance fördert. Davon profitiert der Reiter beim Reiten und auch in seinem Leben.
So gelingt es ihm, der Reiter zu werden, den die Pferde in den Annoncen, die zu Beginn des Buches genannt wurden, suchen würden.

CAVALLO, Scholten Verlag,
Postfach 10 37 43, D-70032 Stuttgart,
Fax (0711) 236 04 15
e-mail: redaktion@cavallo.de
Internet: www.cavallo.de